发展高中数学思维的学习方法

罗华明◎著

吉林大学出版社
长　春

图书在版编目(CIP)数据

发展高中数学思维的学习方法 / 罗华明著. -- 长春:
吉林大学出版社, 2020.1
ISBN 978-7-5692-6100-4

Ⅰ. ①发… Ⅱ. ①罗… Ⅲ. ①中学数学课-教学研究
-高中 Ⅳ. ①G633.602

中国版本图书馆 CIP 数据核字(2020)第 018089 号

书　　名　发展高中数学思维的学习方法
　　　　　FAZHAN GAOZHONG SHUXUE SIWEI DE XUEXI FANGFA

作　　者　罗华明　著
策划编辑　刘　佳
责任编辑　刘　佳
责任校对　张鸿鹤
装帧设计　郭少飞
出版发行　吉林大学出版社
社　　址　长春市人民大街 4059 号
邮政编码　130021
发行电话　0431-89580028/29/21
网　　址　http://www.jlup.com.cn
电子邮箱　jdcbs@jlu.edu.cn
印　　刷　长春市昌信电脑图文制作有限公司
开　　本　880mm×1230mm　1/32
印　　张　8.5
字　　数　210 千字
版　　次　2020 年 1 月　第 1 版
印　　次　2020 年 1 月　第 1 次
书　　号　ISBN 978-7-5692-6100-4
定　　价　30.00 元

序言
Preface

数学包含数学知识和思维方法。在高中数学教学中,把数学思维方法贯穿到整个数学知识的学习中，并不是意味着数学思维方法不重要。实践证明,不仅仅要把知识传授给学生,还要把数学思维方法和数学思想传授给学生。学生只有掌握了数学思维方法和数学思想,才能迁移知识,提高解决问题的能力。

古人云:“授人以鱼不如授人以渔。”只有掌握了数学思维和数学思想,才能灵活运用数学知识,并且将数学知识运用到实际生活当中。

在当前的高中数学教学中,受过度的“题海战术”影响,存在着教师讲太多、学生练太多、学校考太多等应试教育的现象。这使得学生负担过重,限制了学生自主学习的积极性,扼杀了学生学习数学的兴趣,阻碍了学生思维能力的发展,影响了学生创新精神的提高与高中数学教学质量的提高，也影响了高中学生今后的进一步深造。因此,如何扭转这种局面,按教育规律办事,特别是重视能力的培养,已成为高中数学教学质量提高的当务之急。

本书内容主要由七部分组成，第一章是对数学思维的理论概述,第二章是发展类比性思维的学习方法,第三章是发展批判性思维的学习方法,第四章是发展抽象思维的学习方法,第五章是发展

直觉思维的学习方法，第六章是发展形象思维的学习方法，第七章是发展逆向思维的学习方法。通过分析发展高中数学思维的学习方法，旨在为同行及读者展现高中数学课堂教学的诸多可能性，同时也为奋战在高中数学教学一线的教师提供一点帮助。

希望可以为广大读者在发展学生数学思维的教学方面提供一些有益参考。但由于笔者水平有限，书中存在许多不足，望广大读者能够不吝指正。

罗华明

2019 年 9 月

目录
Contents

第一章　数学思维的理论概述 …………………… 001

第一节　概念界定 …………………………………… 002

第二节　研究综述 …………………………………… 010

第三节　国内外研究现状 …………………………… 023

第二章　发展类比性思维的学习方法 ……………… 031

第一节　类比思维研究概述 ………………………… 032

第二节　类比思维在教学应用中存在的问题及原因 ………… 040

第三节　发展高中学生数学类比思维的途径与策略 ………… 046

第三章　发展批判性思维的学习方法 ……………… 076

第一节　批判性思维的概念界定 …………………… 077

第二节　批判性思维的研究概述 …………………… 084

第三节　发展高中学生数学批判性思维的具体教学策略 …… 094

第四章　发展抽象思维的学习方法 ………………… 112

第一节　抽象思维研究概述 ………………………… 113

第二节　高中学生数学抽象思维的评价工具设计 ………… 123

第三节　提升高中学生数学抽象思维的策略与建议 ……… 132

第五章　发展直觉思维的学习方法 …… 153

第一节　直觉思维的概念界定 …… 154

第二节　直觉思维的研究概述 …… 166

第三节　发展高中学生数学直觉思维的具体教学策略 …… 177

第六章　发展形象思维的学习方法 …… 198

第一节　形象思维的概念界定 …… 199

第二节　形象思维的研究概述 …… 212

第三节　发展高中学生数学形象思维的具体教学策略 …… 223

第七章　发展逆向思维的学习方法 …… 237

第一节　逆向思维的概念界定 …… 238

第一节　逆向思维的研究概述 …… 243

第三节　发展高中学生数学逆向思维的具体教学策略 …… 251

结束语 …… 260

参考文献 …… 261

第一章　数学思维的理论概述

第一节　概念界定

一、思维

(一)思维的界定

心理学中思维的定义为：思维是人脑对客观事物间接概括的认识过程。它是在感知的基础上，利用脑中储存的知识经验，通过客观事物的表面现象，对客观事物的本质与内在规律进行间接的概括的认识过程。它具有以下两个显著的特征。

1. 概括性

在数学教学中，经常通过练习题巩固所学知识概念、定理和法则等。为了避免耗费大量的时间和精力，这些练习题都应由教师精心筛选出最为配套的。所以，这就需要教师具有高度的概括性思维——这类数学知识和方法都具备什么共同的本质特征，并以此选择对应的练习；而学生在这样的练习题中对这部分知识和方法进行思考、实践、反思与总结，也能形成和教师一样的概括性思维，即发现它们的共同本质特征，有助于以后更好地理解相关的或更深层次的问题，并能良好地运用所学知识和方法。

2. 间接性

思维是人脑对客观事物规律和特性的一种反映，所以思维不能是直接的，需要媒介来反映客观事物。人们生活的时间、空间有限，所见所闻有限，于是不能直接感知和认知所有事物。举一反三、由此及彼、闻一知十、由近及远都是思维间接性的表现。

（二）思维的基本规律

人的思维对客观事物的反映遵循两条基本规律——反映同一律和思维相似律。二者在具体问题的解决过程中是相互渗透、共同作用的。数学思维在实质上就是思维同一性的推演和思维相似性的探求的有机结合。

1. 反映同一律

科学中的反映同一律是指对同一事物的特性而言，人的理性反映和客观事物之间必须保持同一，不能矛盾；同时，对这个事物的不同映象之间，在同一时间，从同一方面进行考查时，必须保持质的同一。它要求正确的思维必须如实地反映客观，在思维过程中保持思维对象的同一，保持思维所反映的质的同一。

在数学思维中，反映同一律是必须遵循的基本规律之一，如数学中有关公式的恒等变形、方程的同解变换、数形之间的等价转换、有关命题的等价关系等。在数学教学中，对于最常见的一类问题——证明题，它的思维过程实质上是一个变更问题的过程，即逐步变换问题的表达形式，使问题从给出的初始状态化归为所要达到的终结状态。这个过程的根本思想就是要保持思维的本质的同一。而在出现差异时，就需要研究差异的性质。

2. 思维相似律

相似律是客观事物发展变化的一个基本规律。简单地说，相似律就是利用不同事物之间的相似规律，进行对比分析，找出若干相同或相似点之后，推测在其他方面也可能存在相同或相似之处的一种思维方式。它以旧有认识为基础，喻出新的成果来。当然，利用这种思维方式猜测性较强，不一定可靠，但它却具有发现新事物的

功能。

(三)思维的品质

思维是人脑对客观事物规律与特性的一种反映，这种反映的发生和发展符合一定的普遍的客观规律。但个体在思维活动中表现出的特点与达到的效果又不尽相同，而思维的这种在不同个体中发生和发展时所表现出来的差异性,称为思维品质。在数学教学中,有的学生表现思维很活跃,与教师配合默契,甚至超越教师课堂的讲授速度,而率先理解问题并会运用所学知识,还能有自己独特的解题思路等;有的学生则表现为反应慢半拍,注意力不专注,对所学知识和方法只能简单机械地模仿，甚至跟不上课堂教师的讲授速度,更谈不上良好地运用所学知识和方法了,这就是由个人思维活动中表现出的数学思维品质的差异。

思维品质包括五个方面,即思维的发散性、思维的深刻性、思维的灵活性、思维的批判性和思维的独创性。它们是确定整体思维水平与个体之间差异的重要指标，是教师培养学生思维能力的教学出发点,也是检测教学效果的重要测试指标。

1. 思维的发散性

思维的发散性,即思维的广度,是个体思维活动中所涉及内容的广泛和全面的程度。一方面,当遇到具体问题时,多角度观察、思考问题,多方面发现问题的规律与联系,多途径解决问题,并将学到的方法和理论推广到类似问题中运用,如数学中的一题多解、一法多用。另一方面,将已知的优秀的方法和理论放到更大范围中去实践检验,使其更大范围地被利用。例如,数学中的数形结合法不仅在函数上能很好、很快地解决问题,在概率等知识的学习中也可

以起到良好的解决问题的效果。

思维除了有发散性外，也有狭隘性。思维狭隘的个体往往不能摆脱已有知识、方法、理论的束缚，容易造成思维定式、思路不通、以偏概全等现象，导致不能很好地正确地解决问题。

2. 思维的深刻性

思维的深刻性，即思维的深度，是个体思维活动中抽象逻辑性的准确程度和深刻水平。它表现为深入思考问题，细致分析问题，不放过任何蛛丝马迹，来钻研探索复杂问题背后的本质属性。它能很好地克服思维表面化、绝对化和不求甚解的不良特征。而要想使学生最终能攻克复杂的综合性大题，就要从高中一年级起始阶段，不间断地努力培养学生深刻的思维。

思维除了有深刻性外，也有肤浅性。例如，对概念一知半解、对定理考虑不周、易受问题背景干扰、不能抓住问题本质等都属于思维的肤浅性。

3. 思维的灵活性

思维的灵活性，即思维活动的灵活程度，是个体智力和能力的灵活迁移程度。它具体表现为，当问题发生变化时，个体能随着具体问题的改变，随时调整思维分析过程的方式、方法，从更新的角度看待、思考问题，采用更新、更适合的办法和方案去解决这个问题。大科学家爱因斯坦把思维的灵活性看成创造性的典型特点。在数学思维活动中，主要表现在五个方面：思维起点灵活、思维过程灵活、复杂问题中概括迁移的灵活性、组合分析灵活与思维结果灵活。

思维除了有灵活性外，也有呆板性。例如，在数学中，有些学生

能简单机械地模仿教师的解题步骤，但在遇到同型不同题时，不能举一反三，不能很好地解决问题。

4. 思维的批判性

思维的批判性，即思维的独立性，是个体思维活动中独立分析问题与批判问题的能力高低，是个体自我意识高度体现的集中性反映。它具体表现为独立思考问题，质疑问题，严格辨析问题，客观评价问题，及时发现错误，大胆纠正错误。在数学教学中，师生都应善于客观严格地在各自的教与学中，大胆地不断地进行问题的反思和经验的总结，并将其及时纠正，否则只能停滞不前，最终影响教学效果。

思维除了有批判性外，也有盲从性。数学教学中，有些学生只会盲从教科书和教师的传授与讲解，完全没有自己独立的思维判断，人云亦云，不利于培养独立思考问题的良好习惯，不善于分析问题，从而在遇到其他问题时，无从下手。

5. 思维的独创性

思维的独创性，即思维的创新程度，是思考问题的角度不同，分析问题的方式新颖，解决问题的方法独特，具有大胆的创新意识，是智力的高级体现形式。在数学教学中，学生能先教师一步，通过快速的观察与分析，独立地发现问题所在，并能打破常规，勇敢地提出解决问题的方法，敢于接受真理的挑战。无论结果正确与否，在这个不断独创的思维过程中，可以历练思维的品质，使其不断提高，最终形成良好的数学思维能力。

数学思维品质的发散性、深刻性、灵活性、批判性和独创性不是孤立的，而是统一的，是相辅相成、紧密联系的一个整体。其中，

深刻性是基础，灵活性与独创性是在稳固深刻性的基础上而发展出来的高级思维品质。越深刻地理解分析问题,成功灵活迁移的可能性就越高,效率越高,于是独创性也就越强。同时,批判性是在稳固深刻性的基础上发展起来的另一思维品质。认识越深刻,分析越全面,思考越周密,决策越迅速,判断越准确,反思越到位,下一次或下一个问题的认识判断越准确。此外，发散性也是灵活性的基础。狭隘的思路很难成功灵活地迁移问题,解决问题;有了深刻性和灵活性,才能谈及批判性,深刻性和灵活性使得个体更能洞察问题的本质属性,摆脱思维定式,及时客观地发现问题所在;而有了发散性、深刻性、灵活性与批判性,才能触及独创性。

二、数学思维

数学知识在本质上是数学思维活动的结果。因此,数学学习实质上就是学生在教师的指导下,通过数学思维活动,学习数学家思维活动的成果,并发展数学思维的过程。在这个学习过程中,不仅涉及思维的形式和方法,而且还涉及思维的内容,即数学对象的性质、数学的特点和数学思想方法等。

那么，什么是数学思维呢？由于数学所研究的对象是纯粹的量,所以数学思维是客观世界的纯粹的量的本质属性、相互关系及其内在规律性在人的头脑中概括和间接的反映。数学思维首先是思维,因此具备思维的一般特征。但数学思维又有自己的特点,不是事物一般的本质和事物之间一般的规律性关系在人们头脑中的反映,而是以“纯粹的量”的形式来反映事物的本质和事物之间的规律性关系。与一般的思维相比,数学思维具有更高的抽象性。

当前,对数学思维的定义,不同学者定义的内容不同,各学者

众说纷纭,难以统一。心理学家认为,数学思维过程主要是分析和综合的过程,以及其派生的抽象、概括、比较、分类、统一化和具体化等一系列高级的复杂过程。一般认为,数学思维过程是指以提出问题为起点,思维主体以数学语言为工具,借助各种数学知识、数学思维形式、数学思维方法的运行、碰撞、组合、互补和交换,最终获得问题解决的理性认识过程。苏联学者奥加涅认为:“思维是人们认识具体的数学科学,或是应用数学与其他科学技术和国民经济等过程中的辩证思维。同时,它的特性是由数学学科本身的特点及数学用以认识现实世界现象的方法所决定的,并受一般思维方式的制约。”

此外,国内的定义也有多种。在我国数学界,王仲春教授提出:“数学思维是指人类关于数学对象的理性认识过程,包括应用数学工具解决各种实际问题的思考过程。”王梓坤院士在其《今日数学及其应用》一文中提出:“当代数学思维是一种定量思维。总之,数学思维是针对数学活动而言的,通过对数学问题的提出、分析、解决、应用和推广等一系列工作,以获得对数学对象的本质和规律性的认识过程。这个过程是人脑的意识对数学对象接收、分析、选择、加工与整合的过程。”王宪昌在其著作《数学思维方法》中指出:“通常意义上,数学思维就是在数学活动中的思维。准确地说,数学思维是人脑在和数学对象交互作用的过程中,运用特殊的数学符号语言,以抽象和概括为特点,对客观事物按照自身的形式或者规律做出的间接概括的反映。”也有学者认为,数学思维是人脑和数学对象(空间形式、数量关系、结构关系)交互作用并按照一般规律认识数学内容的内在理性活动,是以认识数学对象为任务,以数和形

为思维对象,以数学语言和符号为思维载体,并以认识和发现数学规律为目的的一种认识形式。

数学思维过程是主体以获取数学知识或解决数学问题为目的，运用有关思维方式或方法对数学内容内在信息进行加工的过程。学生学习数学的目的是为了获得数学知识，掌握数学思想方法,发展思维,形成能力,然后去解决现实中的问题。学生的能力是在获取知识和应用知识的过程中形成的。有数学活动,就有数学思维过程。因此,作为数学教师,必须懂得什么是数学思维的过程和特征,在课堂教学中知道如何根据数学思维的特征,展示数学思维过程,培养学生的数学思维能力。

尽管对数学思维的定义众说纷纭，但是笔者认为可以从以下两个方面进行理解。

第一,数学思维是认识的一种形式。数学思维是人类思维的表现形式之一,属于人类认识的高级阶段。数学思维作为一种特殊的认识形式,是指人们在认识具体的数学学科,或将数学应用于其他科学过程中的一种辩证思维。

第二,数学思维具有一定的特性。它的特性受到数学学科本身的特点和数学用以认识客观世界现象的方法的制约。同时,也受到所采用的一般思维方式的制约。

第二节 研究综述

一、数学思维发展的年龄特征

数学思维发展的年龄特征和高中学生数学思维发展的特点是发展数学思维的一个重要依据，而对高中学生数学思维发展的年龄特征的研究是教师进行有效教学的基础。心理学的研究表明,思维结构根据不同的年龄,表现出不同的发展阶段。所以,这就形成了思维发展的年龄特征。数学思维发展与个体的思维发展阶段相吻合,按照抽象概括水平,由低到高,可以分为以下五个层次。

(一)直观行动思维

0~3 岁是直观行动思维发展的主要阶段。直观行动思维是与个体的感知和动作直接相关的思维。通常情况下,思维过程与动作过程同步,动作结束了,思维也就结束了。例如,儿童在通过掰手指头或摆弄实物计数的过程中,停止了动作,思维也就随即停止。这是思维的最低层次。

(二)具体形象思维

3~7 岁,思维的典型特征就是具体形象思维的发展。具体形象思维是一般形象思维的初级阶段形态，是一种以事物的具体形象(或表象)为材料的再现性思维。在此阶段的儿童达到了摆脱感知和具体动作的水平,主要借助脑中有关事物表现的浮现进行计算。比如,儿童对抽象数字“5”的认识,需要借助大脑中浮现的 5 个苹果或 5 根手指头才能够理解。

(三)具体形象思维向抽象逻辑思维过渡期

7~12 岁是思维发展的过渡阶段。过渡阶段主要在小学阶段,由具体形象思维逐渐向抽象逻辑思维过渡。在这个阶段,儿童可以逐渐离开具体事物,进行一定程度的抽象思考。比如,儿童在理解整数的概念并进行整数的四则运算时,已经脱离具体实物。但是,他们在学习分数概念和进行分数运算时,离开具体形象的支持,就会存在一定的困难。

(四)经验型抽象逻辑思维

12~15 岁,即初中阶段,学生的经验型抽象逻辑思维会得到显著的发展。在这个阶段,学生的抽象逻辑思维得到初步的发展,但在数学学习中,具体形象的成分仍然起着很大的作用。在这个时期,学生往往没有形成明确的抽象推理规则,而主要凭借主体的经验进行数学思维活动。

(五)理论型抽象思维

15~18 岁主要处于学生的高中阶段,理论型抽象思维将发挥主导作用。在这个阶段,学生的思维可以摆脱具体事物形象,进入具有逻辑特征的抽象、概括、分析、综合、演绎、归纳等一般化的理论思维阶段。

在了解了学生的数学思维发展的年龄特征后,应当明确以下两点:第一,数学教材的结构应当按照学生思维发展的年龄来组织。新课程改革中十分注意这一方面的内容,教材的内容做到了螺旋式上升的编排结构,环环相扣,层层递进。第二,教师在进行数学教学时,应当以学生的思维发展水平为依据,善于把握学生的“最近发展区”,而且教学内容要符合学生的实际水平。

二、常见的数学思维

从思维活动的总体规律的角度来考虑，数学思维通常分为数学形象思维、数学逻辑思维和数学直觉思维。

(一)数学形象思维

数学形象思维是凭借头脑中积累的事物的表象来展开思维活动,以表象和想象为其基本形式,以观察与实验、联想与类比为其主要方法,通过对形象材料的意识加工而得到领会的思维方式。在数学思维形象中,表象和想象是两种主要形式,而其中的表象又是数学形象思维的基本元素。

1. 数学表象

数学表象是从事物的形体抽象中,通过形式结构特征的概括,而得到的观念性形象。例如,各种图象、图表、图形、数学概念、数学语言和数学符号等都是数学表象，它们不表示哪一个特殊的或个别的数学对象,而是理想化的带有普遍性的数学形象。

2. 数学想象

数学想象是以丰富的表象为基础,运用已有的数学思想观念,对这些表象进行整合加工,创造出新的数学表象思维。它是数学形象思维的一种重要形式，通常可以分为再造性想象和创造性想象两种。其中,数学中的再造性想象是指根据对某一事物的数量关系与空间形式的语言文字的描述或图形的示意，在头脑中形成新表象的思维；创造性想象是不依赖于某一事物已有的数量关系和空间形式的描述,根据一定的目的、任务与理论,独立地创造出新表象的思维。例如,在数学科学发展史上,我们熟知的大数学家欧拉双目失明后,仍能继续进行一系列的数学推理和论证,这主要是依

赖再造性想象；法国数学家笛卡尔把长期分离的代数和几何联系起来，创立了解析几何，并借助曲线上“点的运动”这一想象，创造出了变量和坐标系新的形象，把抽象的方程展示为直观的平面和空间图形，这就是创造性想象。

（二）数学逻辑思维

数学逻辑思维是指借助数学概念、判断、推理等思维形式，以分析、综合、抽象、概括、（完全）归纳、演绎为主要方法，通过数学符号或语言来反映数学对象的本质和规律的一种思维。数学有明显的严谨的逻辑体系，一方面体现在数学事实是按逻辑方法来叙述或论证的，数学原理、公式、法则的推理论证具有高度严密的特点；另一方面体现在数学学习中不仅要记住逻辑体系组成的大量概念、公式、定理和法则，而且也要进行概念的分类、定理的证明、公式法则的推导，广泛地使用各种逻辑推理和证明方法。此外，逻辑推演法和规则法也是逻辑思维的基本规律与辩证逻辑的规律，有着严格的逻辑规则。而逻辑思维必须是循序渐进的，按照逻辑规则依线型或枝杈型一步步推下去，这就是逻辑思维的推演性。推演性和规则性是一种强大的逻辑力量，能保证人们在严格的逻辑推演的基础上实现新的突破，形成新的知识，同时提高思维成果的可靠性。因此，推演性与规则性是逻辑思维区别于其他思维的重要特征之一。

（三）数学直觉思维

数学直觉思维是以一定的知识经验为基础，通过对数学对象做总体观察，在一瞬间顿悟到对象的某方面的本质，从而迅速地做出估计判断的一种思维。它是一种非逻辑思维活动，是一种下意识

（潜意识）的活动参与，不受固定逻辑规则约束，是由思维主体自觉领悟事物本质的思维活动。因此，非逻辑性是数学直觉思维的基本特征。此外，它还具有直接性、整体性、或然性、不可解释性等重要特征。

三、发展数学思维的理论支撑

（一）建构主义理论对发展数学思维的启示

1. 行为主义学习理论对数学思维训练具有一定的消极影响

以往受应试教育的影响，我们的数学思维训练常常不自觉地以行为主义心理学理论为基础。我们承认，行为主义的学习理论在某些较低层次的知识和技能学习中获得了一定的成功，因而对于只要求学生通过练习和反馈而掌握一些概念与事实的初级学习者来说确实有所帮助。但是，数学思维训练要求的是一种高级的学习过程。在这一过程中，需要学生把握概念的复杂性，能根据具体的情况，改造和重组自己的知识经验，并用于建构问题解决的图示等。此时，若还仅以行为主义的理论为指导，显然是不科学的。因为它对我们的数学思维训练存在以下两点消极影响。

第一，受行为主义理论研究中所采取的客观主义立场的影响，许多教师常常把教学活动看成纯客观知识的传递，认为数学教学就是要让学生记住概念、定理、命题，并以此作为分析教学目标达成情况的直接基础。因此，这导致他们或者完全忽视数学思维训练，或者把数学思维过程变成既成的思路，将数学思维方法和思维策略等作为客观性知识，以灌输的方式传递给学生，将本应鲜活生动的思维训练活动变成了学生被动接受的记忆过程，不但没能起到思维优化的作用，反而在一定程度上扼杀了学生原有的思

维活力。

第二，行为主义理论认为外部环境是决定人类行为的唯一决定因素，那么教学活动事实上就是一个强化的过程，相应地，数学思维训练就是要通过一系列的强化，建立起“刺激—反应联结”，并且这种强化是一种严格按照事先制订的步骤去进行的固定程序，其结果是完全可以预期的，即具有很大的可重复性。由此可见，这种思维训练完全地抹杀了学生的个体差异，或者说只把个体差异局限于各个学生在准备知识掌握程度上的不同，忽视了学生的主体能动性，很容易使数学思维训练滑向“题海战术”的泥潭。

2. 建构主义明确了数学思维训练开展的大方向

(1)要充分尊重学生在数学思维训练中的主体地位

依据建构主义的观点，认识并非是主体对客观存在事物的被动接受，而是主体以已有的知识经验为基础的主动建构活动。所以，这就要求教师必须尊重学生在数学思维训练中的主体地位。而这可以从以下三个方面来理解。

①思维训练的重要前提之一是要充分调动学生参与思维训练的积极性和能动性

按照建构主义的观点，学习是一种主动的建构活动，主体学习的积极性和能动性直接影响着主体的信息加工过程。而数学思维具有高度抽象性和概括性等特点，意味着对数学对象的接收、分析、选择、加工与整合的思考过程对学生来说并不是件容易的事，甚至可以说是困难重重的，需要学生自己不断地摸索、体悟与积累。如果学生不愿投入精力积极配合，那么就很难将数学思维训练的外在规则加以内化、重新建构。因此，数学思维训练必须注意学

生思维的志向水平，即思维的动机、意向、兴趣等方面，创设能激发起学生兴趣的思维训练氛围，使其意识到数学思维训练的重要意义和作用，在训练中保持认真、紧张、主动、顽强的状态。只有这样，才能保证数学思维训练的顺利开展。

②了解学生真实的思维过程，充分注意各个学生在思维上的个体差异性

按照建构主义的观点，由于学生已有的心理结构是新的认识活动的直接基础，而且各个学生因其个人经历与社会环境的不同，无疑有着不同的心理结构，所以就同一数学内容的学习而言，不同的个体完全可能由于知识背景和思维方法等方面的差异，而具有不同的思维过程，表现出思维上的个体差异性。因此，教师不能停留于对学生思维共性的普遍认识，而应更为深入地去了解各个学生的思维特殊性。但就目前的数学思维训练来说，教师更应注意到学生思维风格上的差异。

③教师不应是数学思维训练的控制者，而应成为训练有效进行的促进者

若想保证学生在数学思维训练中的主体性，必须明确教师在数学思维训练中扮演的角色和应发挥的作用。我们看到，在以往的思维训练中，不少教师常常把数学思维变成既定的思路，进而成为可传讯物，传授给学生，或者引导学生完全按照教师自己的思维过程进行思考。此时，学生完全处于被动的地位，教师控制了整个思维训练，学生只要跟随教师就可以了，从而陷入越进行思维训练越不需要学生主动思维的怪圈。

从建构主义的观点出发，在思维训练中，教师不应借助权威或

权力强制性地去实现某种人为的统一，而应保持一定的自由度和开放性，发挥启发者、质疑者和示范者的作用，促进学生主动思维。例如，当学生解决数学问题遇到困难时，教师不应该扮演自天而降的救世主，而应当通过适当的提问，启发学生思考，从而帮助其找到摆脱困境的方法。此外，在学生取得独立进展时，教师一定要给予及时的反馈，从而使学生对自己的思维能做出正确的评价，并明确进一步前进的方向。当然，突出学生的主体地位，并不是削弱教师在思维训练中的作用，而是要避免学生对教师提供的思维参照物采取言听计从的态度和死记硬背的方法，要鼓励学生在批判分析的基础上，将有益的部分纳入自己的思维结构中。

(2)要重视合作学习在课堂数学思维训练中的作用

社会建构主义认为，认识的主体并非各个单独的个体，而是由各个个体组成的共同体，并且各个个体之间存在一定的分工合作。从这一观点出发，我们应该看到，学习不是一种孤立的个体行为，思维学习更是如此。思维不同于知识，知识是外显的相对稳定的事实，而思维是内隐的、潜在的。当有大量刺激存在时，思维就会更活跃，思维学习就会更有效。一个人要想获得合理的思维方式、良好的思维品质和高水平的思维能力，单凭其个人努力是难以实现的，必须依靠学习共同体的参与和协作。而数学课堂可以构成一个小型的数学学习共同体。所以，当我们在数学课堂教学中开展思维训练时，就不能忽视合作学习的重要性。

合作学习可以使课堂不再只是教师独自“表演”的舞台，所有共同体成员(包括教师和学生)都要参与其中，用文字、语言、符号表达出自己的数学思想观点和数学思维过程。这不但可以使共同

体成员自身的思维变得清晰，还可以使共同体成员学习和了解其他成员的“优质思维”，取人之长，补己之短，提高思维评价、监控与调控能力。更重要的是，合作学习可以促使思维过程本身成为大家进一步思考与加工、讨论与完善、提炼与概括的对象，使共同体成员的思维向纵深发展。此外，合作学习要求教师不再是高高在上的控制者，而是作为共同体成员，在数学思维训练中发挥启发、质疑和示范的作用，同时使我们清楚地看到学生之间的相互作用对于思维训练的重要影响。正是基于以上考虑，我们在课堂数学思维训练中，应重视合作学习。

(3)要创设丰富的数学思维训练的物理情境，充分发挥数学思维训练的迁移功能

我们之所以要对学生进行数学思维训练，很大程度上是因为它的迁移功能。我们希望学生能够将在数学思维训练中学到的“关于如何思考”的知识、经验和策略应用于解决新的数学问题或应对生活中遇到的实际问题，即“学会数学地思考”。但以往的数学思维训练表明，这种迁移功能并未得到良好的发挥，尤其是很多学生在经过数学思维训练后，仍无法用数学思维的方式、方法，发现和解决实际生活中的数学问题。建构主义指出，造成这种局面的原因之一在于，训练者仅仅关注了学习材料的相似性，而忽视了物理情境在数学思维训练中对迁移的影响作用。

数学不同于社会科学和自然科学，并非建立在对真实事物或现象的直接抽象之上，而是一种抽象之上的抽象，带有强烈的人为印记。数学的这种特点使得许多教师习惯于在较为纯粹和封闭的纯数学情境中进行数学思维训练，将训练内容从复杂的真实情境

中隔离出来，进行符号化的表征加工并呈现给学生，从而忽视了真实情境具有的具体条件限制及其整合性、开放性和交互性特点。此外，传统上的教育者普遍持有这样一种迁移观念：个体在某一情境下获得独立于这一情境的知识和技能，并通过学习迁移，能在其他任何情境下使用这些知识和技能。人们的迁移研究以前正是按照这种逻辑来进行的，所以影响到学生数学思维训练情境的设置。

建构主义对上述观点提出了挑战，认为学习应是情境性的，因而要力求在真实的物理情境中建构，摆脱特定情境的学习存在形式化、抽象性、简单性、记忆表征的单一性等弊病。而由此产生的结果往往只能应付考试，不能迁移至复杂的真实情境中，用于解决结构不良的问题。所以，在数学思维训练中，我们必须重视思维训练情境的丰富性，要与学生的生活密切联系。

（二）脑科学理论对发展数学思维的启示

1. 脑生理理论为数学思维训练的现实可行性提供了科学依据

脑生理科学研究的理论成果表明，数学思维训练的生理基础在于人的大脑拥有极大的潜力。

（1）人类大脑在进化过程中产生了数量巨大的备用神经元，被称为神经元的超剩余性

人类的大脑中大约有 1000 亿个神经元，但它们之中只有一小部分与人的生命活动、感觉、运动等功能相联系，而其他大量的神经元是备用的，与智力有密切的关系，这种超神经元越多，智力发展的潜力就越大。

（2）脑的神经元拥有构成新神经回路的巨大的可能性

有些科学家研究认为，思维的脑生理基础不是单个的神经元，

而可能是由神经元形成的神经回路。某一种思维过程可能与大脑中一定的神经回路相对应，某一种思维方式可能与某一类形成神经回路的方式相关联，思维的基本结构是神经回路的形成，某个新思想的形成和产生必定伴随着某个新神经回路的形成。而形成各种不同的神经回路的巨大可能性是思维训练和智力开发可能性的重要生理基础。同时，脑生理学告诉我们，大脑中有 1011 个神经元，每个神经元与 10000 个神经元相连，就有了 1014 个突触接触点，而这些接触点形成了神经回路的可能性达 102000 以上。这个数字表明，大脑的学习能力、产生新思想的能力几乎是无限的，大脑开发的可能性是现实存在的。

(3)大脑中的神经元、生化物质和神经突触有着相当大的可塑性

如果大脑的神经元生来就不变，生化物质的种类、结构、性质也都不可变化，那么思维训练就没有现实的可能。但是，研究表明，大脑中的神经元、突触、生化物质等都有很大的可塑性，经过一定的训练，都会发生新的变化，会产生新的结构和新的功能。

综上所述，进行数学思维训练不是人们的主观愿望，而是有着脑生理的坚实基础。经过训练，大脑后备的神经元能够被激活，神经突触、神经回路可以得到更新和发展，处理和传输信息的能力得到加强，这就像经过锻炼，运动员的肌肉会增长、灵巧性能够得到加强一样。因此，我们应坚定进行数学思维训练的信念。

2. 脑发育关键期理论为数学思维训练应遵循适时律提供了科学依据

在人脑发育和思维发展过程中，各个阶段是不均衡的，有时

快,有时慢。在某一时期,人脑对外界刺激的变化特别敏感,容易受特定影响而获得某种能力,这就是人脑与思维发展的关键期。中小学时期是思维能力形成的阶段,其大脑的智能由生理型发展转向智慧型发展,即大脑的思维智能的先天性理性增长逐渐趋于平缓,而受后天教育的有意识增长速度大大加快,并且思维智能出现分化发展的倾向。所以,数学教学必须抓住这一关键期,进行系统的数学思维训练,以达到事半功倍的效果。因此,数学思维训练要遵循适时律。

3. 脑做功理论为数学思维训练应遵循适度律提供了科学依据

在以往的数学思维训练中,许多教师喜欢采用“题海战术”的方式进行,但往往达不到预期的效果,其中很重要的原因是违背了适度律。研究表明,大脑是一个含能物,有能,就会做功,大脑做功的对象是信息,即大脑放出能量对信息进行加工,加工活动的次数与级别分别用“量次”和“量级”来计量。在适度的范围内,大脑思维能力与其做功量次和量级成正比,如果超出了这一适度范围,那么就会损伤思维能力。而“题海战术”这种思维训练方式只考虑到强化的作用,不顾学生的实际承受能力,超出了大部分学生脑做功量次的界限。这种数学思维训练不但不能促进学生数学思维的发展,反而还会损伤思维能力。

4. 左右脑理论使我们明确数学思维训练应是注重左、右脑协调发展的全脑思维训练

根据现代脑神经生理学关于左、右大脑的研究成果,人们知道,大脑两半球具有不同的功能。其中,左脑主要处理言语符号传达的信息,是逻辑思维、线性思维、分析思维、收敛性思维的中枢;

右脑主要处理非言语符号传达的信息，是进行形象思维、直觉思维、整体思维、综合性思维的中枢。左、右半球在生理机制上相互联系、相互促进。一个半球的发展明显有助于另一个半球机能的改善。人的脑功能的改善是依靠左、右脑的和谐发展。因此，我们的数学思维训练应是一种全脑思维训练。

过去，我们的数学思维训练过于强调同左脑思维相关的抽象性和逻辑性思维的训练，但近年来，这种情况有所变化，即讨论“猜测、想象、直觉”等与右脑思维功能相关的思维训练的著作逐渐多了起来。不过，同时又出现了另一种倾向，即认为数学中的创造性思维训练就是对“猜测、想象、直觉”等思维形式的训练，甚至过分地夸大了数学中右脑思维的作用，以为单纯训练右脑思维，就会实现数学思维水平的提高。脑科学关于左、右脑和全脑思维的研究表明，无论是单纯的左脑思维训练还是单纯的右脑思维训练，都是片面的，因为大脑两半球是相互联系的有机整体。同样地，数学中左脑思维和右脑思维也是相互联系的有机整体，都有其各自的限度，都不能单独地完成所有的数学认识活动和实践活动。它们只有处于相互促进而不是相互抑制的状态中，才有可能充分发挥大脑的整体功能，从整体上提高数学思维能力。

第三节 国内外研究现状

一、国内研究现状

我国一直重视思维能力的培养。早在孔孟时代,我国的先贤就非常注重训练学生的思维。例如,在《论语·述而》中,孔子强调:“不愤不启,不悱不发。”后来,宋代朱熹对此进行了注释:“愤者,心求通而未得之意;悱者,口欲言而未能之貌;启,谓开其意;发,谓达其辞。”这个过程揭示出了学生在学习过程中遇到疑难问题时依次出现的两种思维矛盾状态,以及教师应该采取的处理方法。

通过对图书、期刊、学术论文的查阅和分析,对当前的研究现状有了详细的了解。在我国,数学教育一直承担着传授知识和培养能力的双重责任,而且国内的教育研究者也一直致力于对数学思维的研究。早在20世纪60年代初,在《儿童心理学》一书中就阐述了年龄与思维能力发展的关系。20世纪80年代,钱学森倡导思维科学的研究,引起了学者们对思维研究的重视。1986年7月,钱学森主编的《关于思维科学》在上海人民出版社出版,让国内思维的研究达到了新的高潮。例如,一直从事中学数学教学实践与研究的特级教师张乃达著的《数学思维教育学》(江苏教育出版社,1990年版)给予了一线教育工作者很大的帮助,堪称数学思维教育的典范。在该书中,张乃达教师对思维的相关理论做了详细而系统的分析和阐述,包括思维的界定、数学思维的科学方法与数学教学原则等。此外,任樟辉著的《数学思维理论》(广西教育出版社,1996年

版)从辩证唯物主义的角度出发,对数学思维的相关理论做了比较全面的阐述,同时还从数学思维结构、形式、方法和策略等方面,结合具有较强思维训练价值的典型例题,来说明这些理论在中学数学教学实践中的具体运用。曹一鸣主编的《数学教学论》(高等教育出版社,2008 年版)中第五章关于数学思维的教学指出,数学思维包括数学思想方法、思维的方式和思维品质三个方面,同时说明在教学中必须将这三个方面协调发展,形成用数学思考的意识,然后从这三个方面分别介绍了它们与数学思维的关系,但理论太多,实例太少。

针对如何在教学实践中培养学生的数学思维能力,笔者又查阅了大量的期刊论文。这类资料大都是一线优秀教师在教学实践的基础上,从教学经验中提炼、总结出的关于数学思维的相关理论。这些论文做了以下五方面的研究:①从高中学生的思维特点和高中数学知识的特点入手,探讨高中学生数学思维障碍的成因,进而寻求提高数学思维能力的方法,如黄亮的《高中生数学思维障碍的成因与突破探究》、白云的《消除高中生数学思维障碍的对策思考》、宋新才的《高中生数学思维的障碍及误区分析》等;②从分析"学困生"的形成原因,来寻求提高数学思维能力的策略,如李建宝的《渗透情感教育,转化数学学困生》、沈健的《数学"学困生"成因分析》等;③在新课程改革的背景下,探讨提高数学思维能力的方法,如庞其云的《新课改背景下数学思维能力的培养》等;④从培养数学思维品质入手,来提高数学思维能力,如冯俊的《发挥课本功效培养学生的数学思维品质》等;⑤从在解题教学中渗透数学思想方法和解题反思方面,来提高数学思维能力,如王芹的《高中数学

解题教学与思维品质的培养》等。

二、国外研究现状

早在20世纪60年代末期，欧美的教育家们就开展了一系列研究思维能力的项目。例如，英国心理学家爱德华·德博诺为了弥补“垂直思考”的缺点，提出了“水平思维”，又叫“发散思考”，对思维能力的研究影响深远。1989年，欧洲合作和发展组织（OECD）在巴黎召开了以“学习思考，思考学习”为主题的国际会议，吸引了22个国家参加会议，并在国际上对思维能力的研究和推广起到了至关重要的作用。那个时候，美国市面上已经有一百多个关于思维能力培养的项目。在1991年，美国国家教育目标制定组将“思维能力、交际能力和解决问题的能力”列为21世纪大学生的培养目标。在1999年，英国在国家课程标准里提出了学生应具有的五种思维能力，即信息处理能力、推理能力、咨询能力、创造性思考能力和评价能力。2005年，大卫摩斯利等人在对纸本和电子资源以“思维能力培养框架”进行检索时，发现了四百多份相关书籍和文章。总之，思维能力培养研究的热潮一直延续至今。

国外对思维能力与学科教学的关系进行了研究，产生了三种不同的观点。

第一，提倡单独开设专门培养思维的思维技能课，这样可以减轻学科教师的工作负担，以爱德华·德博诺为代表。他认为一般思维技能是存在的，认为应该明确地教给学生思考的原则和方法，并引导学生应用。

第二，通过具体学科来培养思维技能，以迈克派克为代表。他认为每个学科培养的思维是不同的，适用于具体学科的思维技能

是存在的，应该通过对该学科知识的学习来培养思维技能。

第三，提倡融合教学，以拜耳为代表。他认为适合于所有学科的一般思维技能是存在的，又承认学科特有的思维技能，认为直接教授思维技能是值得的。当然，把直接的思维技能教学和学科教学整合在一起，达到学科教学的目标，不仅是可行的，而且是最理想的做法。

三、现行的素质教育要求数学教学进行思维活动

（一）素质教育的含义

所谓素质教育，有人形象地说，一个人把所有的知识忘掉之后，仍然留在头脑中的那部分就是素质。因此，数学文化与素质教育从本质上是一致的，目的都是提高国民素质。

素质教育的核心是以人为本，重视人的全面发展，着重提高人的素质。因此，我们的素质教育应努力从应试教育走向素质教育。

（二）两种数学教育价值观

曹一鸣教授提出，数学教育作为整个大教育的一个不可或缺的部分，同样存在着两种教育价值观的分裂，即人文主义的数学教育价值观和科学主义的数学教育价值观。

第一，人文主义的数学教育价值观的核心是重视纯数学，把数学逻辑的严密性、语言的抽象性、表达形式的优美性视为数学的生命。它认为，数学是文化的核心，是精英或少数人的产物，是一种理性的艺术。它反对应用数学，认为应用数学是坏数学，容易使人变成数学或科学的奴隶，无助于数学学科的发展，无助于人的理性精神的养成。

第二，科学主义的数学教育价值观的核心是重视应用数学，把

数学知识视为工具。它认为,纯理论的数学只是些毫无意义的形式化和符号化的游戏,并不能解决实际问题,

此外,两种教育价值观的对立与冲突也表现在教学上。持人文主义的数学教育价值观的人习惯按照“统一大纲,统一标准”要求学生,课堂教学比较重视数学知识要领的讲解,而忽视知识的由来和本质;重视定义、定理和法则的理解应用,不知道从实际生活出发联系生活;重视演绎系统推理的严密性,而忽视诸如直觉、顿悟等非形式化的思维方式,造成学生学习上的困难。持科学主义的数学教育价值观的人认为,要教给学生适当水平的数学,为以后的成材就业做好准备;课堂上能根据社会的需要,从社会实际生活中引用数学;不注重知识的连贯性、系统性、严密性,不注重数学知识所蕴含的数学思想方法,造成学生数学基础差,只关注数学的实用性。

我国的数学教育一直笼罩在应试教育的阴影下,既没有得到人文主义的灵魂,也没有充分认识到科学主义的价值。而在素质教育的今天,这两种主义下的数学教育价值观正在逐渐走向融合。

(三)数学教育的素质化

以往在应试教育下,无论是教师还是学生,都普遍有这样一种认识:数学就是做题。“题海战术”是教师和学生应付考试的有力武器。然而,通过做题考高分的做法却在提高解题能力的同时,出现了高分低能的不足。不可否认的事实是,中国人的数学底子很好,但是杰出的数学家不多;中国的奥数成绩是辉煌的,但是并没有从根本上提高人们的数学素养。因此,怎么去避免其带来的不足,正是今天数学教育改革所要做到的。

著名数学教育家乔治·波利亚主张“教会学生思考”,将有益的思考方式和思维习惯放在数学教学的主要位置。因为教给学生死板的知识,还不如教给学生主动活动的方法。

数学教学过程是学生在教师的引导下进行的积极思维活动的过程。数学教学具有数学活动的特征。数学教学过程中的活动既有外部的具体行为操作,又有内部的抽象思维操作,是学生由表及里的活动,并且以内部的积极思维为主要形式。

教育是为了让学生更好地发展。素质教育下的数学教学一方面要教给学生数学的基本知识和常用的思想方法，另一方面要教给学生数学学习的方法,教会学生学习,培养学生正确的人生观、价值观以及世界观和健全的人格品质。同时,既要关注学生解决数学问题能力的提高，又要关注运用数学知识解决实际问题能力的增强;既要关注学生获取数学知识和数学思想方法的探究性,又要突出开展数学思维活动与交流学习体会的开放性。

(四)素质教育的价值

数学教育的价值体现在通过数学的思想和精神，充实人的精神生活,培养既有健全的人格,又有生产技能,既有明确的生活目标和高雅的审美情趣,又能创造且懂得生活的人。同时,把传递人类文化的价值观念和伦理道德规范与传授数学知识有机地结合起来,以实现人文教育和科学教育的整合。这正是素质教育的价值取向,也是数学教育发展的必然趋势。

数学所赋予人的力量并不完全在于知识的应用，而是数学独特的思维方式和不断改进的思想方法，以及数学家坚韧不拔的意志。从欧几里得的公理体系到笛卡尔的解析几何、牛顿和莱布尼兹

的微积分、罗巴切夫斯基的解析和黎曼的非欧几何、希尔伯特的《几何基础》与布尔巴基的结构数学观等，无一不闪现出思想的光芒和新方法的威力。同时，数学的形式化原则、公理化方法、求简精神、模型构造、化归思想、精确的数量分析标准等，无一不是人类思维中的精华，堪称科学方法的典范。从数学的本质出发，结合我国的传统，在教育哲学的层次上对其进行探讨，是一个具有现实意义的课题。数学在为人类社会创造巨大物质财富的同时，也丰富了人的精神世界，为人类提供了最崇高的“善”。在当今社会，一个要想成为有教养的人必须学习数学。数学教育对提高公民素质、形成健全人格具有举足轻重的地位和作用。

(五)优化课堂结构模式的特点

素质教育下的数学教学对课堂结构提出了新的要求。优化课堂结构的模式不应是唯一的，而应是百花齐放的。不过，它们应该具备以下四个特点。

第一，以“教学相互作用”论为理论基础，教师主导与学生主体的最佳结合的条件之一是师生双方心理活动的最佳结合。

第二，教师质疑多问，学生独立思考，使学生的思维呈现积极状态。教师主导与学生主体的最佳结合体现在“设疑”和“解疑”的结合上。教师“启发生疑—鼓励质疑—引导解疑”的过程是教师主导的表现，而学生“思考求疑—大胆质疑—创造性地解疑”的过程是学生主体的体现。

第三，教师在教其知、授其理的过程中，要导之以思、以法；学生在课堂上积极动脑、动口、动手，自求得之，是优化课堂结构的重要标志之一。

第四,教师鼓励创造,学生积极探究,把学习与创造结合起来,是教师主导和学生主体作用的最完美体现。

四、本书研究的内容与思路

总体来说,虽然国内数学思维研究的学术著作众多,但是也有许多不尽如人意的地方。例如,在国内数学思维研究中,对儿童的思维研究较多,对青少年的思维研究较少;有关思维品质的研究较多,而有关思维能力的研究较少;在思维能力的研究方面,对思维能力的实践研究较多,理论研究较少;在理论研究上,研究架构雷同的多,原创性的少。正是基于以上四个方面的考虑,笔者拟采取理论分析与案例实践相结合的方法,先对思维、数学思维、高中学生思维发展特点和障碍做理论上的分析,根据高中学生数学思维能力发展的特点,对具体数学思维的培养进行详细的阐述,从而确立培养高中学生数学思维能力的策略,为高中数学教师的数学思维能力教学提供参考。

第二章　发展类比性思维的学习方法

第一节　类比思维研究概述

一、相关概念界定

(一)类比的概念

类比是某种类型的相似性,是一种更确定和更概念性的相似。它和其他类型的相似性之间的本质差别在于思考者的意图。相似对象彼此在某些方面具有一致性。假如把它们的相似之处化为明确的概念,那么就把相似的对象看成是可以类比的。假如成功地把它变成清楚的概念,那么就阐明了类比关系。

“Analogy”(类比)源系希腊语“analogia”,是“比例”的意思。比如,6:9=8:12,6 与 9、8 与 12 这两组数就它们的对应项的比是一致的这一点来说,是可做“类比”的。

我们把一个三角形和一个棱锥看作类比的图形。一方面我们取一条直线段,另一方面取一个多边形。过线段上所有点与线段外一点用线段相连,可以得到一个三角形;过多边形的所有点与多边形所在平面外一点用线段相连,可以得到一个棱锥。用同样的方法,我们可以把一个平行四边形和一个棱柱看作是相类比的图形。

(二)类比的概念界定

数学思想是从某些具体的数学内容和方法中提炼出来的数学观点。数学方法是在数学提出问题、研究问题和解决问题的过程中所采用的各种手段或途径。数学方法是数学思想的具体化反映,而数学思想是数学方法的灵魂。一种数学思想指导下可以生成许许

多多的具体方法。数学思想和数学方法是紧密联系的，两者虽层次不同，但它们之间并没有绝对的界限，因此常统称为数学思想方法。一般来说，强调指导思想时称数学思想，强调操作过程时称数学方法。类比思想方法是数学思想方法中的一种。

类比推理是根据两个（或两类）对象或系统之间在某些方面的相似或相同推出它们在其他方面也可能相似或相同的一种逻辑推理方法。而类比思维亦称类比推理。

类比法与类比推理严格来讲是两个不同的概念。类比法属于方法论范畴（也属于逻辑学范畴），但类比推理只属于逻辑学范畴。

从高中数学教学的角度来讲，区分类比思想、类比方法、类比推理的意义不大，所以本书中不加区分地运用这些概念。

（三）类比的相关概念

一般化是从对象的一个给定集合，进而考虑到包含这个给定集合的更大集合，如从直角三角形、等边三角形考虑任意三角形。特殊化是从对象的一个给定集合，转而考虑包含在这个集合内的较小的集合，如从任意三角形考虑直角三角形、等边三角形。归纳是通过观察和组合特殊的例子来发现普遍规律的过程。

在一般化和特殊化的概念中没有含糊或有问题的东西，而类比却不能讲得那么确切无疑。类比是某种类型的相似性，在于思考者的意图。人们常常使用含糊的、模棱两可的、不完整的或不完全清楚的类比，但是类比可以达到数学精度的水平。各种类型的类比在不同层次上得到应用，因此我们不能忽视其中的任何一种。

类比是从特殊到特殊，归纳是从特殊到一般。类比和归纳都属于合情推理，是合情推理最重要的两种方法。与合情推理相对的是

演绎推理。合情推理的结论不一定正确,演绎推理是从一般到特殊的推理,其结论一定正确。正如波利亚所说,严格表述的数学是一门系统的演绎科学,但在形成过程中的数学则是一门实验性的归纳科学。类比是归纳的基础,归纳本身是一个一般化的过程,这种一般化是以若干特例的考查与类比为基础的。

类比推理源于观察,只有善于观察事物的特点,注意从不同事物身上发现它们的共同或相似之处,才可能做出类比推理。类比需要联想,只有善于联想,从一事物联想到与它性质相似的其他事物,从一种方式、方法联想到与其作用类似的其他方式、方法,才能丰富类比。

类比不同于比较。类比以比较为基础,通过比较两个对象的相似点后,把一个对象的已知属性迁移到另一个对象中去,从而得出一个新结论。比较不是类比,但可能比类比更具全面性。比较的对象间可能有相似,也可能完全相反或没有什么相关性。类比是异中求同,比较可以求同,也可以求异。

(四)类比的作用

在各种逻辑推理方法中,类比是其中最富有创造性的一种。数学中的许多概念、定理及其证明都是靠类比获得的。通过类比,不同学科知识融合到一起,使得数学知识更加丰富多彩,数学问题解决的途径更多,数学应用的领域也更加广泛,使其具有了更重要的社会价值。

波利亚指出,“类比似乎在一切发现中有作用,在某些发现中有它最大的作用”,“不论是初等数学、高等数学中的发现,或者在任何别的学科中的发现,恐怕都不能没有这个思维过程,特别是不

能没类比”。

类比有助于探索新知识，是科学发现的重要工具。比如，瑞士数学家昂哈德·欧拉（Leonhard Euler）发现所有自然数平方的倒数之和，便是类比引导他做出一个非常大胆的猜想。

二、类比思维的类型

类比思想是解决数学问题的有效方法之一，需要严谨的类比推理过程。在进行类比思维活动时，需要较为丰富的联想能力与一定的知识储备，其中的关键是寻找到一个非常合适的类比对象。同时，依据类比本身的特征，可以将类比思维的类型划分为简化类比、结构类比、降维类比三大类。在日常的教学过程中，教师应在科学认识教学规律与学生认知规律的基础上，有计划、有目的地将类比思想方法渗透到教学活动中，使学生充分理解与掌握类比思想方法，并自觉运用到解题与日常生活中。

（一）简化类比

简化类比在日常教学过程中应用比较广泛，是学生必须掌握的一种数学思维方式。顾名思义，简化类比是将原命题类比到比原命题简单的类似命题，即简化问题的条件和结论，通过类比命题的解决思路和方法的启示，寻求原命题解决思路与方法。比如，将多元问题类比为二元或一元问题，即减元类比；将高次问题类比为低次问题，即降次类比。这种类比类型可以有效沟通数学方法与数学知识之间的联系，提高解答数学的技巧，激发学生的思维，进而培养学生的数学思维能力。

在数学思想方法的学习过程中，应注意仔细观察已知项与未知项之间的关系，注意将所要解决的问题与所熟知的信息进行类

比，然后进行多方位的联想，将式子的组成结构、解题所遵从的方法、运算的规律与问题的结论等加以推广、迁移，从已知项中找出相似之处，之后进行延伸，进而得出正确的结论。简化类比有利于活跃学生的思维，引导其思维向问题纵深发展，进而触类旁通、举一反三。

（二）结构类比

结构类比比简化类比思维层次要求要高。因为结构类比所要解决的问题没有形成现成的类比物，但我们可以通过细心的观察与严密的逻辑推理，从已知类比项的性质与定义等方面加以类比分析，依据结构上的相似性来寻求类比问题，然后将类比元做适当的代换，最终实现原问题向类比问题的转化。

（三）降维类比

“维数”在线性空间理论中属于一个最基本的概念。在日常教学活动过程中，会不知不觉地应用到该理论。简单而言，就是我们常说的点动成线、线动成面、面动成体。换而言之，就是一维空间（直线）、二维空间（平面）与三维空间（立体几何）。

当我们在研究某个维度较高的几何问题时，可以先考虑并解决一个与它类似而维度较低的问题，或将其转化为维度较低的问题，这样使抽象问题具体化与简单化，然后将解决后者时所用的方法或所得到的结论尝试用来解决原来维度较高的问题。所以，在扩展低维时的结论时，将这种方法称为降维类比。

探究建议：首先，回忆平面几何中常用的定义、定理与结论，并将其充分理解与把握；其次，将立体几何的相关问题转化到平面几何中，并评判真假，如果不能进行有效类比，则回忆知识储备中是

否出现类似的命题；最后，在已有的知识储备中找到能将立体几何转化为平面几何的类似命题。

例如，求蚂蚁在立方体上从 A 到 B 点的最短距离，A 点与 B 点是相对应的两个顶点。这本是立体几何中的抽象问题，但可以使用降维类比的方法将其简单化，降维到平面几何当中，变成矩形中求 A 与 B 的两点距离。所以，在实际教学过程中，一定要让学生将抽象问题简单化与具体化，并亲自参与从提出问题到论证结论的探究过程，帮助学生树立几何不难的认知与信心。

三、类比思维的教学原则

（一）循序渐进原则

根据人的认知发展特点，在教学中要注重循序渐进原则。教学要按照学科的逻辑系统和学生认识发展的顺序进行，使学生系统地掌握基础知识和基本技能，形成严密的逻辑思维能力。

它包含三个方面的基本要求：第一，按教材的系统性进行教学；第二，抓主要矛盾，解决好重点与难点的教学；第三，由浅入深、由易到难、由简单到复杂。

高中数学是一个系统化的知识结构，而数学知识和数学思想又是不可分割的。因此，我们不仅要使学生从整体上、从内部规律上掌握系统化的知识以及蕴含于知识中的数学思想，而且还要做好贯穿教学始终的准备。

类比数学思想作为数学知识的精髓，不可能一蹴而就。因此，要根据教学内容，结合具体对象，循序渐进，逐步渗透重要的意识和观点，使学生在自主类比教学的实施中遵循由易到难、循序渐进、逐步攻破的原则，反复地体验和实践，逐渐认识、理解、形成类

比的意识，将数学思想内化在个体的认知结构中。从而促使学生类比思维、类比推理能力逐渐提高。

（二）学生自主原则

现在的教学越来越重视学生自主学习，而类比的教学更需要学生自主，类比学习更显示出学生能自主、学生会自主。

高中数学类比教学中，一定要注重学生的主体地位与主动参与，让学生在实践中去观察、探索、发现类比和运用类比。民主和谐的教学氛围是学生探索创新、发展创造性思维的土壤。只有实施全员参与的合作学习策略，才能激发学生的学习兴趣，培养学生积极的学习动机，提高学生的求知欲望，增强学生的探索精神和创新意识，使学生的创造性思维最大限度地活跃起来，培养学生主动参与的意识，让学习成为真正意义上的学生个体的内在需要和追求。

高中数学类比教学中最忌讳的就是教师搞包办代替，教师讲得神采飞扬、酣畅淋漓，学生听得头昏脑胀、应接不暇。因此，教师需要注意学生的感觉，控制类比的节奏、类比的深度。教师的作用应该主要是引导和点拨。

（三）结构化原则

学生通过对比和思考，发现旧知识与新知识之间的结构类似性，寻找到类比的突破口，从而实现类比。这样，可以使学生在做中进行体验，同时有助于学生把所学知识纳入原有的知识体系，形成个性化的知识结构。

新课程标准将高中数学知识分为不同类型的专题，但数学是一个整体的逻辑体系。那么，如何使学生对高中数学内容有一个整体的认识呢？

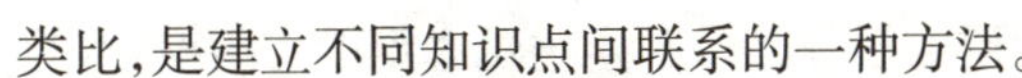

类比,是建立不同知识点间联系的一种方法。

复数、向量二者貌似不相干,实际上通过类比,它们建立起联系,表现出某种结构上的相似。

在数学知识体系中，在各学科、各分支组成的科学知识体系中,在宇宙中,每当我们遇到一个新奇的问题时,总是本着由已知解决未知,把未解决的问题归为已解决的问题,按照类似问题的解决方法受到启发,从而解决新问题。其中,我们的已知是我们可以拿去类比的资本、金库。

类比可以使我们提出更多的问题，在更加广阔的思维空间中进行思考。通过类比,使不同的数学内容相互沟通,提高学生对数学的整体认识水平。

(四)知识与能力并重原则

通过类比,可以学到新知识,同时不能忽视学会和强化类比的思想与方法。

一方面,利用类比教学对知识的学习有很大作用。由于新知识的学习是在原有知识的基础上建构的,所以知识显得少了,容易记了,似乎难度也降低了,可以大大节省时间。另一方面,类比的教学又是在学习类比,培养学生的类比思维能力。能力的培养建立在知识的基础之上，而高中学生的数学类比思维能力的培养要以高中数学可类比内容为载体。教师不只是教会学生知识就可以,更重要的是教会学生学习和思考的方法。

对于高中数学类比思维的教学，在以学生掌握具体的知识这一基本目标之上还要有更高的追求。学习高中数学知识固然重要，但不能仅仅满足于学到知识。数学思想以具体的数学内容为载体，

高中数学承载着大量的培养高中学生类比思维能力的教学内容。

教师一定要重视增强高中学生运用类比的意识，帮助高中学生不断地积累运用类比的经验，激发创造的火花。

知识与能力二者应当并重，不能借助类比学到了知识就算完事，能力提升不可忽视。有时候，人们口头上强调教学中的能力培养，但往往空对空，甚至在教学中都没有锁定能力点。在运用类比的教学中，能力点再清楚不过了，需要在类比的过程中体现，需要师生揭示类比中的得与失。

类比思维能力和自主学习能力的培养就渗透在日常教学活动中。教师应挖掘具体数学知识所承载的数学教育任务，不能仅仅满足于教会学生知识点，更要以教会学生思考、学习、解决问题的方法为更高的目标。

第二节　类比思维在教学应用中存在的问题及原因

教育部颁布的《全日制义务教育数学课程标准(修订版)》对数学思想与学生能力的培养等提出了明确的要求。同时，类比思想方法在教材中、日常教学中以及高考命题中均有应用，且具有一定的地位。但通过近几年的教学实践发现，类比思想方法在日常教学过程中依然存在诸多问题，主要体现在学生学习、教师教学以及评价体系上，在一定程度上阻碍了类比思想方法的理解与把握。

一、存在的问题

（一）学生学习中存在的问题

学生是教学的主体，是知识的真正接受者与传承者，不仅身系个人与家庭的荣辱，而且干系国家与民族的未来。国家一直非常重视对青少年的教育，不断推进教育改革，注重培养学生的综合能力。数学是一门基础性学科，也是人类认识世界与改造世界的工具，所以数学在基础性教育中的地位一直很高。究其根源在于，数学能够培养学生类比、迁移、归纳、分析、推理等各种应用性非常强的能力。但通过深入观察发现，学生在上述能力表现上不尽人意，要么上课精力不足、昏昏欲睡，要么身在曹营心在汉，要么无法举一反三，总之状况百出，效果不显，令人担忧。

（二）教师教学中存在的问题

教师是教学的引导者，是学生求知与做人路上的引路人，对学生一生的发展至关重要。其教学思想、方法、策略正确与否，首先直接影响到教学效果，其次影响到学生的为人处世。但部分教师依然固守传统教学方式，采用应试教育的传统做法，热衷于题海战术，进行低水平的机械重复训练，对知识点不是采取类比、推理、迁移等科学合理的教学方法进行讲述，而是要求学生死记硬背与生搬硬套，机械地理解与把握数学概念、定理与原理，严重缺乏教学的科学性与合理性。如此，不仅影响到学生综合素质的发展与提升，而且严重限制类比、迁移与推理等数学思维能力的培养与发展。

近几年，新课程改革如火如荼，探究式教学方法大受欢迎，但部分教师依然我行我素，采取最原始的“灌输式”教学模式，上课期间“一言堂”，很少让学生参与课堂的建设，整个教学过程死气沉

沉。因此,学生在接受与理解知识的过程中,缺乏自我消化的过程,对数学概念、定理的理解是一个外部强加的过程,其类比、迁移与推理等各种数学思想就无从谈起。例如,某同事资格老、经验丰富,对素质教育与新课程改革理念不屑一顾, 在教学教法上沿用传统方式,所教班级成绩一直不尽人意。

(三)评价体系中存在的问题

目前,很多学校与教师纷纷响应国家号召,尊重学生的主体地位,推行素质教育。但以笔者所观察的情况而言,很多学校的素质教育学其形而遗其神,或表面上采纳素质教育理念,注重培养学生实际操作与应用能力,背地里依然是应试教育主导整个教育界,一切以分数为中心,一切以重点高中与名牌大学为目标,整个评价体系存在严重的缺陷。

在新课程标准体系下,要注重培养学生的三维目标,即知识与技能、过程与方法、情感态度与价值观,力图建构起比较完善与科学的评价目标体系。但是,在推行过程中,却与目前高考唯分数论的定量评价相冲突。就以目前笔者所执教地区的高中为例,无论是平时的小考,如周测、月考等,还是决定学生前途与命运的大考,如高考等, 都是依据试卷上的成绩来决定班级名次或是否进入重点大学。所以,无论是家长,还是教师,都以培养学生应试能力为教育的主旨,自然忽视分析、类比、迁移、推理等数学思维能力的培养。平时私底下与学生沟通,询问一些数学概念、定义与原理的来历或推导过程,很多学生纷纷表示教师从未传授过,就是要求他们死记硬背,注重应试能力的锻炼。因此,当考试过程中出现类比、迁移等题型时,学生往往举措失当,失分甚多。事后仔细探究其缘由,目前

以分数为最重要标准的评价体系是导致学生应变思维能力不足的罪魁祸首。

二、在教学中运用类比思想方法存在问题的原因

虽然类比思维方法在提高学生学习的有效性、培养数学应用意识及数学思维能力等方面具有重要意义，但由于教师、学生及评价体系等方面存在缺陷与不足，导致类比、迁移与推理等数学思维能力的培养不尽人意，已经严重阻碍了学生综合能力的培养与提高。在立足教学实践的基础上，结合相关教育理论，发现学生学习主动性不高、教师教学方法欠灵活与评价体系存在不科学之处是目前类比思想方法在教学中出现问题的主要原因。

（一）学生学习主动性不高

改革开放以来，一方面随着经济的不断发展，人们生活水平日益提高，对物质文化与精神文化的追求也日益提高，但另一方面功利主义思想泛滥，“读书无用论”大行其道，很多青少年在此思想的蛊惑下纷纷辍学打工。整个社会日益呈现出两个极端化的趋势，在城市或东部沿海地区信奉“知识经济论”，而在中西部落后地区，特别是农村地区推崇“读书无用论”，或“知识无用论”。在此思想的主导下，农村地区的很多初中学生根本看不起知识，认为学习是家长强迫自己接受的一种行为，故学习的主动性与积极性特别低。其主要表现在上课期间无精打采、昏昏欲睡，而下课之后精力充沛、活跃异常，满操场嬉戏与打闹；教师上课布置的作业要么只有题目，没有解答过程，要么很多学生答案神似，且与标准答案也是一模一样，对作业完全是敷衍塞责；考试期间要么交头接耳，要么呼呼大睡。总之，完全不把学习当回事，甚至迟到、早退与翘课成为一小撮

学生的家常便饭。如此学习态度与行为,自然无法集中精力与心思来学习枯燥的知识,成绩不可避免地不理想,从而进一步导致学习劲头不足。

随着科技的进步,特别是智能手机走进千家万户,教育教学涌现出一只新的拦路虎——手机。城市很多学校禁止学生携带手机进校,并绞尽脑汁与学生斗智斗勇,但依然有部分学生不管学校禁令与家长的苦口婆心,想尽各种办法与措施携带手机进校。而农村初中的学生要么无力购买手机,要么一旦拥有手机之后,就携带手机进入课堂。为什么学校与学生在手机问题上针锋相对、斗智斗勇?其根源在于手机已经严重干扰正常的教学秩序或活动,主要表现在学生抵御不住手机的诱惑,经常熬夜看小说、聊天或玩游戏,而夜晚休息时间不足,必然导致白天精力不足,从而影响学生成绩,降低学习的信心与主动性;考试期间,利用手机作弊,严重干扰考试的公平性,甚至引起其他学生效仿,教学秩序遭到严重破坏。由于作弊一样可以取得好的成绩,所以学生不再把精力与时间花在学习上。

总之,在“读书无用论”与智能手机等因素的作用下,学生的时间与精力不再放在学习上,学习成绩必然一落千丈或毫无起色,如此学习的信心遭到打击,学习的积极性与主动性也就大打折扣,或无从谈起。

(二)教师教学方法欠灵活

新课程改革以来,教师在教学中的角色发生了重大变化,由原先的主体地位转变为主导地位,一字之差,却反映出教育理念与教育方式发生了翻天覆地的变化,由原先的应试教育转变为素质教

育，由原先的“灌输式”与“一言堂”转变为现在的“探究式”“合作式”，由以前的“死记硬背”转变为“灵活应用、学以致用”。

大部分教师虚心接受新课程改革理念，采纳新课程改革方式教学，但依然存在部分自恃老资格或一时难以转变的教师采取“填鸭式”的教学方法，一堂课45分钟自始至终都是其独角戏。教师在讲台上激情四射，学生却无精打采，甚至部分学生假寐或梦见周公。课后，咨询相关学生，他们表示，并非我们不想学，而是该教师的教学方式实在难以提起他们的学习兴趣。检查他们的作业与试卷，要么出现不做或白卷，要么错误百出，学习效果实在堪忧。教学方式与方法的灵活多样不仅可以有效调动学生学习的积极性与主动性，而且有利于将知识点讲透。其中，类比法就是学习数学的重要方法之一。但部分教师摒弃科学有效的教学方法，如类比法、迁移法等，一味推崇应试教育的方式与方法，而单调枯燥的学习氛围与环境自然无法提起学生的学习兴趣。

（三）评价体系存在不科学之处

目前，很多地方素质教育名存实亡，表面上采取合作探究与小组建设等模式来进行日常教学，但背地里依然是“满堂灌”与“题海战术”，只是教室墙壁上多了几块用来表演的黑板，学生课桌的摆放方式发生了变化，其应试教育的本质依旧。究其根源，在于我国对中学评价体系未发生根本性的变化。

课程评价是学校教育教学活动的基本环节，在一定程度上反映了学校的社会地位与知名度，同时也体现了学生的综合素养。但我国课程评价一直深受应试教育与传统智能理论的影响，特别是高考以分数论英雄的评价标准，使得评价系统出现很多问题，导致

学生抽象思维能力、逻辑辩证能力等应用能力偏低,而陷入机械死记硬背的泥沼。其具体表现为:重视定量分析,忽视定质评价,即过于注重学生的分数,轻视培养学生的综合素质;过分强调甄别与选拔功能,忽视对评价结果的反馈与认同,很少关心学生考试反馈出来的问题,如数学应用意识薄弱、无法有效类比迁移等;缺乏有效的评价工具和方法,过于注重定量方法,忽视定性评价手段,突出表现为书面纸笔测验仍然是评价学生的最主要方法,甚至是唯一的评价方法等。

如此评价体系使得家长与社会也以一所学校考上重点大学的比例为评价学校好坏的唯一标准,自然导致教学过程一切以获取分数为最高宗旨,那么学生逻辑思维能力、动手创新能力等被忽视,进而无法有效解决类比、迁移等重在考查学生应用意识的题目。

第三节　发展高中学生数学类比思维的途径与策略

国内传统的教育模式一直都在强调知识的积累,从小学到大学很多人都在拼命地进行着各种知识的积累,以期将自己培养成一个丰富的人。然而,这样培养出来的有知识的人往往比较呆板,缺乏灵活性和应变力。新模式下的教育要求教育者更加注重一个人思维能力的发展,而不仅仅是传授知识。高中数学教学不仅着眼于向学生传授数学基础知识和基本技能,更重要的是培养学生的

科学思维能力、探究能力和独立解决问题的能力，最终形成科学素养，进行自主学习。从这个意义上讲，比获得知识更重要的是发展和培养思维能力。

科学思维的内容十分丰富，其中类比推理是提出科学假设的重要途径。从科学发展的历史来看，许多的新发现包括数学发现都是建立在归纳猜想、类比假设的基础上实现的。由此可见，类比在科学进步的过程中起到了重要作用。因此，教师应该在教学中尽可能地发挥主导作用，培养学生的类比推理能力。

一、培养类比推理能力的途径

布鲁纳认为，学习包括三个几乎同时发生的过程：第一，归纳新信息，这种新信息常常是已有信息的替代或提炼；第二，转换，这是一种处理知识以便使其适应新任务的过程，个体可以通过外推、内插、变换等方法，把知识整理成另一种形式，以便超越所给予的信息；第三，评价，检查处理信息的方法是否适合于当前任务。他指出，学生不是被动的知识接受者，而是主动的信息加工者。下面，将根据这一理论以及根据这一理论发展起来的建构主义学习观，结合高中数学教材与高中学生的学习特点，探究类比推理能力的培养途径。

（一）通过概念类比，感受类比推理的奠基作用

数学知识的学习离不开数学概念，数学概念是人脑中对现实对象的数量关系和空间形式的本质特征的一种反映形式，即一种数学的思维模式。它以定义的形式揭露本质，是思维的基础。高中数学内容多，进度紧，学生必须牢牢掌握每一个数学概念，从而融会贯通，进行灵活应用。因此，数学概念教学是数学教学中一个比

较重要的环节，教师要抓住概念产生的背景，恰当运用类比推理进行概念的教学，让学生了解数学概念间的内在联系和连贯性，将新的概念与原来学习过的概念或生活中的例子进行类比，使学生产生共鸣，从而比较容易在已有知识的基础上接受新的概念，在今后的数学学习中更好地利用概念分析问题、解决问题。

例1，立体几何的概念类比教学：高中的立体几何对学生的空间思维能力要求极高，为了让学生尽快掌握高中的立体几何知识并且灵活应用，教师可以在讲授概念的时候，将立体几何与学生已经熟悉的初中平面几何知识进行类比，如平面几何中的"点、线"分别类比成立体几何中的"线、面"，平面几何中的"平面角"可以类比成立体几何中的"二面角"等。通过这样的类比教学，可以使学生顺利地进行平面到空间、二维到三维的过渡，不再对立体几何产生畏难情绪，也培养了学生的空间想象力和数学思维力。

例2，奇函数与偶函数的概念类比教学：函数是高中数学中贯穿始末的一个内容，而函数概念较之于初中的很多概念通常抽象且枯燥乏味，所以在介绍函数的很多概念时，要巧妙地将多种数学思想融合在一起，便于学生理解。在函数奇偶性的概念教学中，教师可以通过数形结合等数学思想，使学生掌握奇函数的概念以及理解概念的内涵与外延，接着通过类比教学，启发学生自主探究偶函数的概念以及概念的内涵、外延，使学生在巩固奇函数概念的同时，通过自己的努力掌握偶函数的概念。现学现用的类比推理不仅促进学生掌握了抽象的概念，而且也激发了学生自主探究的积极性。

例3，等差数列与等比数列的概念类比教学：在数列中，等差数

列和等比数列是高中阶段主要研究的两类数列模型。在概念教学中，教师可以启发学生在习得等差数列概念及各类运算性质的前提下，从等差数列的“差”类比到“比”，从而得到等比数列的概念，再通过代数运算的类比得到等比数列的相关性质以及与等差数列的不同之处。

例 4，复数的概念类比教学：在初中的学习中，学生已经形成了一种比较根深蒂固的思维，即负数没有平方根，而高中复数的教学却是建立在负数平方根的基础上进行的，其虚数单位 i 就是-1的其中一个平方根，打破了学生的固有思维，让学生很难接受和理解。因此，在复数的概念课上，教师应该先带领学生一起回顾学生所掌握的数域的扩张过程，从自然数集扩张到整数集，从整数集扩张到有理数集，再从有理数集扩张到无理数集，最后从无理数集扩张到实数集，并且带领学生认识到每一次数域扩张的共同特点：为了解决旧数集运算中的矛盾而产生新数集。比如，为了解决自然数集中减法运算不能计算“被减数小于减数”这类运算而引进负数，从而将数集扩张到整数集，并且规范了整数集的运算规律。经过一系列的铺垫，教师接着通过抛出方程 $x^2=-1$ 在实数集中无解这一学生熟悉的问题，类比之前回顾的数域扩张，得到必须将数域从实数集进行扩张，引进新的数，这样才能解决这一问题，继而引进虚数单位 i 以及复数 $a+bi(a,b\in\mathbf{R})$的概念。

例 5，对数函数的概念类比教学：对数函数的学习是在对数之后进行的，教师可以通过启发引导，使学生从已经学过的指数与对数的关系、反函数、指数函数这些概念出发，由指数和对数的关系结合反函数，类比得到指数函数与对数函数互为反函数，从而得到

对数函数的概念。在接下来对数函数性质与图象的研究中，传统的教学是通过对大量的对数函数进行描点画图得到图象，从而研究出其性质。这样的教学虽然达到了学生自主探究函数性质的目的，但是探究的过程无法有效地进行数学思维能力的培养。为了更好地对学生进行思维能力的培养，教师可以启发学生类比指数函数的性质与图象，结合反函数的性质，得到对数函数的性质与图象。通过这样的类比教学，学生既可以巩固指数函数的概念、性质与图象，也可以轻松地掌握新的知识，锻炼思维，提高探究能力，激发学习的积极性。

通过上述例子不难看出，在概念教学中运用类比思想，能够使学生在巩固已有知识的前提下学习新知识，达到温故知新、举一反三、触类旁通的效果。这样，不仅可以极大地促进学生对于概念的理解，也可以提高学生的思维能力和自主探究能力。

(二)通过情境类比，培养类比推理习惯

良好的习惯是成功的开始，养成良好的类比推理习惯有助于学生更好地进行数学学习。培养良好的类比推理习惯有很多途径，而创设类比教学情境，激发学生参与研究数学、发现规律的兴趣，便是其中之一。高中数学教材在授课内容的组织上，以问题情境作为知识点传授的切入口，数学知识是相互联系、相互沟通的。在数学教学中，通过情境教学的设计，可以启发学生从知识的不同角度考虑和挖掘类比因素，从而不断培养学生的类比习惯。

例如，在“球的体积公式的推导”教学中，可以以圆的面积公式为切入口，进行二维到三维、平面到空间的类比，而教学情境的设

计如下:圆面积公式为$S=\pi r^2$,其中r为圆半径,如果将圆周进行n等分,则每一部分的弧长和圆心的连线组成n个小扇形;当$n\to+\infty$的时候,这n个扇形就近似于n个三角形,这个公式可以改写成$S=1/2(2\pi r)r$,即圆面积等于以圆周长为底边、半径为高的三角形面积;再引导学生进行平面到空间的类比,即圆可以类比成球,二维的三角形可以类比到三维的棱锥,类似地,将球面n等分后,每一部分与球心连接,当$n\to+\infty$的时候,这n个部分就近似于n个棱锥。至此,学生只要稍加分析比较,求同存异,不难做出如下类比推理:球的体积等于以球面积为底面、球半径为高的棱锥的体积,即球体积公式为$V=1/3(4\pi R^2)R=\frac{4}{3}\pi R^3$,其中$R$为球半径。当然,这样的类比推理还要得到进一步验证,从而确定公式的正确性。

在教学过程中,经常通过情境引入,使学生独立自主地参与到类比发现的过程中,感受到类比推理的魅力所在,不仅使学生学会从“已知”获取“未知”的方法,激发学习兴趣,还可以使学生逐步养成类比推理的习惯。

(三)通过方法类比,增强类比推理的常用技巧

数学问题的解决依赖于好的数学方法,而一个好的数学方法能够有效抓住问题的本质,使解题过程事半功倍,有利于一类问题的解决。数学方法是将事物的状态、关系和过程用数学的语言表达,并且进行推导、分析和演算,来达到对问题的解释、判断和预言的方法。高中阶段常用的数学方法有公式法、数学建模法、消元法、换元法、待定系数法、数学归纳法、图形法等。因此,教师在教学过程中,要善于分析问题的本质,引导学生利用类比的思想方法将同

一种数学方法从熟悉的题型中迁移到有待解决的题型中，从而达到有效解决问题的目标。

1. 倒序相加法的类比

例如，设$f(x)=\dfrac{1}{2x+\sqrt{2}}$，求$f(-2012)+f(-2011)+\cdots+f(0)+f(2012)+f(2013)$的值。

分析：这是一个已知函数方程求函数值和的问题。当然，学生可以通过分别计算出从$f(-2012)$到$f(2013)$这4026个函数值，然后相加得到计算结果。但是，这个运算量太大，在考试作答的时候不是一个行之有效的解题方法，而是一个没有数学思维的解题方法。

为了更好地解决这个问题，可以引导学生回顾等差数列求和的推导过程，回忆起其推导方法——倒序相加法。这类方法适用于首尾相加得到同一个常数的一列数求和。同时，观察题目的结构发现，给定一个函数，求的正是一列函数值的和，从结构上与等差数列求和非常相似。找到相似的事物之后，教师可以启发学生进行数学方法的类比，将倒序相加法从解决等差数列求和类比到解决这个问题中。此时，学生不难发现首尾两个函数值相加得到结果为$\dfrac{\sqrt{2}}{2}$，继续计算发现相加结果都是$\dfrac{\sqrt{2}}{2}$，更可以得到一般性的结论$f(x)+f(1-x)=\dfrac{\sqrt{2}}{2}$，从而通过倒序相加法得到计算结果。

2. 图形法的类比

例如，直线$2x-y-4=0$上有一点P，它与两定点$A(4,-1)$，$B(3,4)$的距离之差最大，求P点的坐标。

分析:这个问题可以直接求解,即设点 P 坐标为 $P(x,2x-4)$,然后根据题意列式得到距离之和 $d(x)=\sqrt{(x-4)^2+(2x-4+1)^2}+\sqrt{(x-3)^2+(2x-4-4)^2}$,从而将问题转化成当距离函数 $d(x)$ 取最大值时求自变量 x 的值,进而得到点 P 的坐标。此法思维简单,学生比较容易想到,但缺点就是求最值时运算烦琐,且不易得到所要的结果。

为了使题目的解决更加灵活,可以利用图象,再根据对称的原理,将问题转化为“三角形两边之和与两边之差”的临界问题上——当三角形两边之差等于第三边,即构不成三角形时,就是本题中最值取得的情况。在求解过程中,利用了图形法的类比,将问题转化为我们所熟悉的代数问题进行解决。

3. 构造法的类比

例如,已知 $x\in\mathbf{R}$,a 为正常数,且函数 $f(x)$ 满足 $f(x+a)=\frac{1+f(x)}{1-f(x)}$,求证:$f(x)$ 为周期函数。

分析:要求证一个函数是周期函数,常见的解题思路就是找到这个函数的一个周期,再利用周期的定义进行证明。但在本题中,直接估计这个函数的周期比较困难。而仔细观察已知条件中关于这个函数满足的条件,不难看出它与两角和的正切展开式 $\tan(\alpha+\beta)=\frac{\tan\alpha+\tan\beta}{1-\tan\alpha\tan\beta}$ 有些相似,只要其中一个角变成 $\frac{\pi}{4}$ 即可,即 $\tan\left(\alpha+\frac{\pi}{4}\right)=\frac{1+\tan\alpha}{1-\tan\alpha}$。我们知道正切函数 $f(x)=\tan x$ 的最小正周期是 π,是函数式中 $\frac{\pi}{4}$ 的 4 倍,由此猜想函数 $f(x)$ 的一个周期是 $4a$,再利用周期的定义加以证明得到函数 $f(x)$ 是一个周期函数,且其

中一个周期是 $4a$。

面对一个抽象的函数关系式，本题在思维的过程中抓住了 $f(x+a)=\frac{1+f(x)}{1-f(x)}$ 与 $\tan\left(\alpha+\frac{\pi}{4}\right)=\frac{1+\tan\alpha}{1-\tan\alpha}$ 在结构上的相似之处，构造了一个具体的函数 $f(x)=\tan x$，再从这个熟悉的正切函数的性质入手进行类比，突破解题思路，得到最终的结论。

通过以上例子不难看出，数学方法的类比在有效解决数学问题上起了重要作用。学生在通过对相似问题的解题方法上受到启发，通过类比灵活运用到有待解决的新问题上，实现了知识的正迁移，培养了学生的创新能力和创造性思维能力。

（四）通过知识结构类比，拓宽类比推理的思路

高中数学的主要知识结构分为集合命题、不等式、函数、三角、三角函数、数列、解析几何、立体几何、向量、复数、排列组合、概率统计、矩阵行列式、算法等。如何将这一个个看似独立的知识单元整合在一起，使学生形成整体意识，进行系统学习，是促进学生有效学习的关键。教师必须先引导学生发现各部分知识间的内在逻辑联系，再通过类比发现相似之处，使各部分知识有机地整合在一起，形成一个整体，建构良好的数学知识体系。比如，函数与方程、函数与不等式、函数与数列、函数与平面向量、空间向量与立体几何、平面向量与解析几何等。

1. 不等式与函数

不等式单元中的解一元二次不等式在整个高中数学教学中具有很强的基础性和工具性，几乎可以渗透到整个高中数学的所有领域，对数学学习起着重要的作用。在这个内容的教学处理上，如果只是简单地讲述解法，强调解题规范化，进行公式的套用，那么

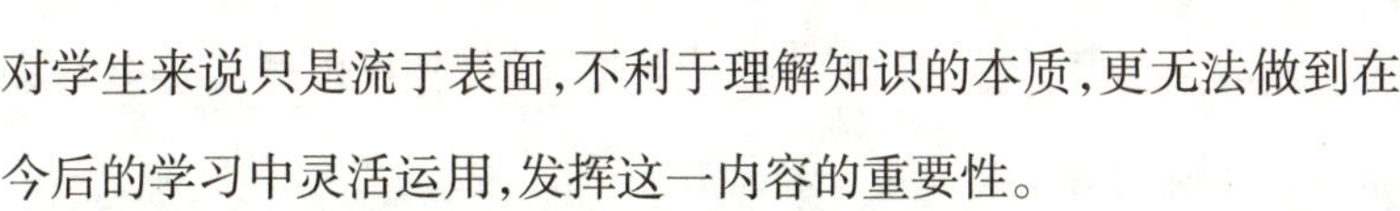

对学生来说只是流于表面，不利于理解知识的本质，更无法做到在今后的学习中灵活运用，发挥这一内容的重要性。

为了使学生更好地理解这一知识的本质，教师可以引导学生观察一元二次不等式 $ax^2+bx+c>0(<0)$，$a\neq0$ 的形式，发现其从形式上看与学生熟悉的一元二次方程 $ax^2+bx+c=0(a\neq0)$ 和一元二次函数 $y=ax^2+bx+c(a\neq0)$ 十分相似。

探索到相似的因素，教师可以启发学生利用类比思想，通过数形结合来进行该知识点的学习和理解。通过函数图象，学生可以清晰地得到一元二次不等式的解集在图象上所对应的部分，从而灵活掌握本节内容。通过这样的类比教学，学生在巩固了已掌握的一元二次方程的解法和一元二次函数图象性质的基础上，通过自己的探索学习了新知识，也养成了类比思维的习惯，为建构良好的知识体系打下了基础。

2. 数列和函数

数列是高中部分比较重要的教学内容之一，也是高考的重要考点。在数列的教学过程中，如果只是从定义出发，将数列看成是一列按一定次序排列的数，那么就会大大降低数列与其他章节的连贯性。究其本质，数列是一类很特殊的函数，其图象是由离散点所组成的函数图象。由此，在教学过程中，教师可以引导学生进行类比，将函数的性质类比到数列中，使学生能够对数列这个陌生的知识产生熟悉感和兴趣，进而能够独立探究数列的性质，达到温故而知新的学习目的。

例如，已知数列$\{a_n\}$的通项公式为 $a_n=49-2n$，当前 n 项和 S_n 达到最大值时，求 n 的值。

方法一：很明显，该数列是一个等差数列，可以通过等差数列前 n 项和公式求得 $S_n=-n^2+48n$。由此不难发现，S_n 是一个关于 n 的一元二次函数，可以类比二次函数求最大值的方法，对 S_n 进行配方得 $S_n=-(n-24)^2+576$，所以当 $n=24$ 时 S_n 取得最大值。

方法二：由函数类比到数列，可以发现等差数列的通项公式 $a_n=49-2n$ 是一个以 n 为变量的一次函数。根据函数的性质，这个一次函数是一个单调递减的函数。又由于数列是离散的函数，且这个数列的首项是一个正数 $a_1=47$，所以为了使前 n 项和 S_n 达到最大值，只要保证相加的前 n 项每一项都是正数或者等于 0 即可，即 $a_n=49-2n\geqslant0\rightarrow n\leqslant24.5$。由于变量 n 是自然数，所以当前 n 项和 S_n 达到最大值时 $n=24$。

从上述例子不难看出，在学习数列的过程中，应用类比的思想，将函数的性质类比到数列中来，用函数的观点去分析思考数列问题，用函数的思想和方法来解答数列问题，使学生有一种驾轻就熟的感觉，进行数列学习时也游刃有余。

3. 平面向量和解析几何

向量和解析几何都具备数形结合的特征，二者在位置关系和数量关系上有很多的相似之处，而且解析几何中的很多平行、垂直、共线等问题往往可以与向量进行类比，从向量中获得启发，从而将几何问题数量化，将推理转化为运算。

比如，两直线的夹角公式在传统教材中是利用直线斜率来进行计算的，即 $\tan\alpha=|(k_2-k_1)/(1+k_1k_2)|$，其中 k_1,k_2 分别是两条直线的斜率。这一算法的优势在于计算公式简单，但其劣势就是当其中至少有一条直线垂直于 x 轴，即斜率不存在时，无法用该公式进

行夹角的计算。新教材在这一问题的处理上,将向量和解析几何进行了有机结合，引导学生寻找直线夹角和向量夹角的相似之处,并进行类比,由向量夹角公式得到两直线$a_1x+b_1y+c_1=0$,$a_2x+b_2y+c_2=0$的夹角公式为$\cos\alpha=\frac{a_1a_2+b_1b_2}{\sqrt{a_1^2+b_1^2}\cdot\sqrt{a_2^2+b_2^2}}$,该公式适用于任意的直线。

具体应用:椭圆$\frac{x^2}{9}+\frac{y^2}{4}=1$的焦点为$F_1$,$F_2$,点$P$为椭圆上一动点,当$\angle F_1PF_2$为钝角时,求点$P$的横坐标的取值范围。

分析:题干中的"$\angle F_1PF_2$为钝角"是题目的突破口。$\angle F_1PF_2$是由点P出发的两条射线所组成的夹角,因此$\angle F_1PF_2$可以类比为两向量$\boldsymbol{PF}_1$,$\boldsymbol{PF}_2$的夹角,题干中的"$\angle F_1PF_2$为钝角"可以类比为向量$\boldsymbol{PF}_1$,$\boldsymbol{PF}_2$的夹角为钝角,最终转化为向量$\boldsymbol{PF}_1$,$\boldsymbol{PF}_2$的数量积为负值(除了向量反向平行外)。

在解析几何的教学和解题过程中,引导学生进行类比推理,灵活巧妙地应用向量与解析几何的相似,在公式推导、定理应用、例题讲解中渗透向量知识,形成向量的解题意识,形成新的思路。这对于一些用常规思路解决起来烦琐的问题，可以大大简化解题过程,化繁为简。

数学知识之间存在着横向和纵向的联系，这些联系通过各个知识结构交汇在一起。因此,教师在数学教学中要加强各知识点间的联系和结合,通过类比思想来做到知识结构的整合,无疑是一个比较好的方式,可以使整个知识体系框架化、网络化。

二、培养学生类比思维方法的策略

类比思维方法不仅能有效提升课堂教学的有效性，培养学生的抽象思维能力,而且是人类认识世界与改造世界的工具。但由于

日常教学、学生及评价体系存在着诸多问题,导致学生类比思想方法的培养受到一定程度的影响,故我们必须从学生、教师与评价体系这三个角度来培养学生的类比思想,提高学生的数学思维能力。

(一)从学生角度培养类比思维

学生在教学中处于主体地位,是教学活动的中心,故提高学生的综合素养应是所有教学活动的主旨。就目前高中数学教学而言,学生类比、迁移、推理等数学思维能力的培养不尽人意,导致高考过程中失分颇多,所以从学生角度应采取学生主动改变自身学习方式与培养自身类比思想方法的具体策略来培养数学思维能力。

1. 学生主动改变自身学习方式

"心理学研究表明,学生是学习的主体,所学新知识只有通过学生自身的'再创造'活动,才能纳入他的认知结构中,才可能成为下一个有效的知识。""有意义学习应是青少年以一种积极的心态,调动原有的知识和经验认识新的问题,同化新的知识,并建构他们的意义。""再创造活动""积极的心态""同化新的知识"等关键词都透露出学生自身主观能动性的重要性。

类比思想方法不是简单的死记硬背与机械训练,而是一种知识类比与迁移过程。它要求学生在充分把握与理解旧有知识结构的基础上,寻找新、旧知识的相似点,进行类比分析,进而实现知识的迁移与重构,是一种思维层级比较高的精神活动。如果学生抱着机械接受或死记硬背的态度来看待类比思想方法,那么只能事倍功半或毫无建树。一颗积极进取的心不仅可以有效调动学生学习的精气神与增强学习的信心,而且有利于活跃课堂氛围,进而推动学生乐学、勤学与向学,自然抛弃玩手机与睡觉等违反课堂纪律的行为。

学生以积极主动的学习态度投身学习，类比思想方法自然不再是拦路虎，而演变成学习把握与理解新知识的有效工具、提高学习成绩的有效手段，进而极大增强学生求学的毅力与信心。

2. 学生培养自身类比思想方法的具体策略

“授人以鱼不如授人以渔。”学生聆听教师用类比思想方法分析与解答疑惑是接受教师给予的“鱼”，而非自己真正获得解答疑惑的“渔”。只有获得“渔”，才能对类比型的题目游刃有余，故学生自身获得类比思想方法解题的技巧与关键才是根本。

首先，学生必须在思想上重视自身类比思想方法的培养，这样才能在学习过程中有所侧重。当教师在运用或传授类比思想方法时，学生要百分百集中精力来认真学习与分析，进而彻底理解与把握类比思想方法。其次，在新知识的学习过程中，或预习时，应有意识地运用类比思想方法来与旧知识进行类比分析。同时，在案例解答中，应联系旧知识或身边的日常生活来体会与认识类比思想方法在数学学习应用中的作用，从而加深学生对类比思想方法的理解。接下来，当对知识进行巩固复习时，可以对所学知识进行分类、归纳与比较，寻求可类比的知识点，养成良好的学习习惯。最终，在解题时，可以尝试着通过类比思想方法对数学命题加以推广，或通过类比思想方法探求更为行之有效的解题方法，巩固深化对知识的认识与理解，以便更好地掌握数学思想方法。同时，通过类比思想方法的培养与锻炼，提高自身发现问题、分析问题与解答问题的能力，进而提高自身的数学思维能力与应用能力。当然，类比思想方法的习得不是一个章节或一个学期就能形成的，而是一个逐渐培养的过程。

（二）从教师角度培养学生类比思想

教师是教学的组织者与引导者，在教学活动中扮演着学生引路人的角色。因此，只有在教师的有效指引下，学生才能养成类比思维。教师在把握学生认知规律的基础之上，积极地采取各种有效策略来推动学生形成类比思想，进而有效提升数学思想。

1. 善于选择类比对象

类比思想方法是所有数学方法中最通俗易懂与便于应用的数学方法。但在具体的教学过程中，部分教师不太善于选择类比对象，导致教学效果不佳。类比对象往往是从学生已掌握的知识点中选择一个适合的对象与将掌握的知识点进行对比，以便学生充分理解与把握该知识点。具体来说，我们必须注意以下三点。

首先，从学生日常生活中寻找类比对象。这种情况比比皆是，因为其充分体现了数学与实际生活的密切联系。比如，分析与讲解圆与圆的位置关系时，可以通过类比天文现象“月食”来引入；讲授旋转相关知识点时，可以通过风扇来导入；分析直线相交时，可以类比剪刀。

其次，从已知数学知识中选择类比对象。当对象选择时，空间与图形的知识点应用得比较多，是类比思想方法教学中特别需要注意的地方。

最后，从其他学科中选择类比对象。类比思想方法不仅在数学学科中得到广泛应用，而且在其他学科中亦然。例如，物理学中轴对称与平面镜成像等都可以用数学知识来分析与解释。

2. 正确把握类比思想方法教学的时机

类比思想方法是高中数学教学中的重要思想方法。但部分教

师不分场合与时间地随意运用类比思想方法，不仅导致教学无法达到预期效果，而且使学生质疑类比思想方法的有效性。所以，在教学中，要善于把握类比思想方法教学的时机，力求事半功倍。

首先，新课开始时应用，有利于情境创设。教师在进入新课之前，首先列举已经学过的知识点或学生身边熟悉的案例来导入新课，不仅能够激发学生学习的兴趣，而且有利于知识体系的类比与迁移。比如，讲授有关旋转的知识时，可以很自然地从风扇导入，进而将学生的思路引入教学情境中。

其次，重难点环节应用，有利于学生理解与掌握。重难点不仅是考试中的热点，而且对学生数学思维的训练作用显著。所以，在教学中，教师往往应用各种方法与花费大量时间来深入分析与讲解，力求学生理解与掌握。

再次，结尾应用，效果显著。教学是一门艺术，精彩的一堂课往往开头引人入胜，中间精彩连连，结尾趣味犹存、令人回味。为达到这种效果，往往采用类比思想方法来结尾。

最后，在讲解题目时应用，助学生理解与掌握。作业起到查漏补缺的效果，所以在讲解习题时，教师应用类比思想方法进行分析，力求学生理解与掌握。课堂上，教师已经认真教学，但部分学生上课能听懂，一旦自己独立解题时，往往不得其法。所以，习题讲解过程中，教师可将案例与习题进行类比分析，寻找异同点，进而帮助学生形成正确的解题思路。

3. 改变传统教学模式，积极开展类比教学

新课程标准颁布后，不同版本的教材出现在教学一线，并呈现出知识结构简单化的趋势，但考试题型出现多元化与考查知识日

益复杂化，导致教师在教材之外尽可能补充多的知识点，不管学生认知规律与作息时间，一股脑儿全灌输给学生。在教学实践中，有些知识点的归纳非常适合用类比思想方法切入，但部分教师怕浪费时间，案例分析点到为止，抛出问题，不加引导，直接说出答案，教学效果微乎其微。还有部分教师前期磨磨蹭蹭、拖拖拉拉，知识点重复啰嗦，导致时间大量浪费，等到快下课时，把准备上课用的与课后预习的题目全塞给学生，然后心满意足地离开教室，类比思想方法无从体现。

课程教学是推行素质教育与实施新课程标准的主要阵地，学生类比、迁移与推理等能力的培养也需要借助课程教学。因此，要改变传统教学方式，在合理分配时间的基础上，注重类比、迁移、推理等思想方法的应用，一改过去"一言堂"的教学模式，让学生主动参与到类比分析过程中，体会数学的魅力与乐趣，进而不仅提高教学的有效性，而且增强学生学习的积极性与主动性。

（三）完善评价体系

从目前对高中一线教师的调查与访谈得知，虽然国家大力提倡素质教育，但高考依然在教育中占据重要地位，所有教学活动都是围绕其打圈，故应试教育依然是主流，导致高中学生类比思想方法的培养缺乏一个有利环境。尽管近几年类比型的题目在各地不断涌现，但难度都比较大，学生失分甚多，所以部分教师认为花大量时间与精力在上面得不偿失。而学生则是教师教什么，他们就学什么，根本不会自己思考数学思想方法的应用。因此，培养学生类比、迁移、推理等数学思想，还必须从根本上重构与完善评价体系。

评价体系不仅要反映学生数学学习的结果，而且还要反映其

数学学习的过程;不仅要关注学生数学学习的水平,而且还要关注其在教学活动中所表现出来的情感态度的细微变化;不仅要体现定性分析,而且还要体现定量分析。总之,评价体系中评价标准应该多元化,而不单单是学习结果、数学水平等。所以,新的评价体系应从甄别性的评价发展为发展性的评价。以前甄别性评价往往依据一个学生学习成绩的好坏、分数的高低来判定学生,故造成重分数、轻能力与重结果、轻过程等弊端,反而不利于学生综合素养的发展。而新的评价体系要求教师在教学实践过程中,以过程评价为主,做到过程与结果、定性与定量、管理型与激励性相结合,力求发展学生发现、探索、猜测与类比等能力,进而提高类比思想方法。同时,学生在学习过程中,也可以自我评价,看自己是否真正掌握了类比思想方法与能否灵活运用该方法进行解题,进而加深对类比思想方法的理解与把握,最终提升数学学习能力。

三、教学案例展示

(一)案例一

“空间向量的正交分解及其坐标表示”的教学设计

一、教材分析

“空间向量的正交分解及其坐标表示”主要是以空间向量的正交分解为出发点,通过类比平面向量的正交分解引入空间中一个重要的基本定理——空间向量的基本定理。有了这个定理,整个三维空间就由三个不共面的基向量决定,空间中的点、线、面和实数组$\{x,y,z\}$形成一一对应的关系,因此这个定理是立体几何数量化的基石。

二、学情分析

高中二年级的学生学习该课题之前已经体会了把平面向量及其加减运算、平面向量的数乘运算类比推理到空间向量中,具备了初步的升维类比推理的思维能力，但是独立地把平面向量基本定理推广到空间向量还缺乏冷静、全面的思考能力，思维具有片面性、不严谨等特点。

三、教学目标

(一)知识目标

学生理解空间向量基本定理及其意义，掌握空间向量的正交分解及其坐标表示,学会在简单的问题中用基底表示其他向量。

(二)能力目标

学生通过平面向量到空间向量的过渡，体会升维类比推理的作用,养成应用升维类比来处理空间问题的意识。

(三)情感目标

学生通过本节课的学习,体会数学的应用价值,养成积极主动思考、勇于探索、对已有知识开拓创新的学习品质。

四、教学重难点

教学重点:空间向量基本定理及其意义、空间向量的正交分解及其坐标表示。

教学难点:空间向量的基本定理及其意义。

五、教法与学法分析

(一)教法分析

本节课遵循以学生为主、教师为辅的教学原则,主要采用升维类比的方法进行教学,同时恰当地利用多媒体课件进行辅助教学。

(二)学法分析

学生在一个个问题的思考中体会平面问题与空间问题的关系,并逐步养成空间问题平面化的意识,通过教师的引导和同学之间的相互交流,逐渐掌握本节课所学的知识。

六、教学过程设计

(一)情境引入

问题1: 平面向量的一个最大作用就是将几何问题代数化,那么沟通几何和代数最重要的桥梁是什么?

教师提问。

学生思考回答:坐标系。

问题2:有了坐标表示,平面中的一些位置关系,如平行、垂直、夹角等就可以通过计算得到,而空间中同样存在这些位置关系,那么空间中的向量是否也可以用坐标表示呢?

学生思考。

教师补充:平面向量基本定理为坐标表示提供了依据,要研究空间向量的坐标表示,我们先来研究空间向量的基本定理。

设计意图:以问题的形式引出本节课所要学习的内容,使学生明确空间向量基本定理的作用, 也体会空间问题和平面问题相互类比的思想。这样,不仅有利于学生理解后续教学中空间问题平面化的方法,而且还能使学生形成一个完整的知识体系。

(二)讲解新课

问题3:请同学们回顾平面向量基本定理是什么?

学生回顾。

教师PPT投影: 如果 $\boldsymbol{e}_1,\boldsymbol{e}_2$ 是同一个平面内的两个不共线向

量，那么对于平面内的任意向量 $\boldsymbol{a}$ 有且只有一对实数 λ_1 和 λ_2，使 $\boldsymbol{a}=\lambda_1\boldsymbol{e}_1+\lambda_2\boldsymbol{e}_2$，其中 $\boldsymbol{e}_1,\boldsymbol{e}_2$ 表示所有平面向量的一组基地。

设计意图：让学生回顾空间向量基本定理的目的是为升维类比到空间向量基本定理做准备。

问题4：请同学们类比平面向量基本定理，猜想空间向量基本定理是什么？

教师引导学生剖析平面向量基本定理，并应用升维类比猜想空间向量基本定理。

学生体会、思考、尝试回答。

运用升维类比猜想空间向量基本定理：如果 $\boldsymbol{a},\boldsymbol{b},\boldsymbol{c}$ 是空间中三个不共面的向量，那么对于空间中任意向量 $\boldsymbol{P}$，有且只有一组实数 x,y,z，使 $\boldsymbol{P}=x\boldsymbol{a}+y\boldsymbol{b}+z\boldsymbol{c}$。

设计意图：让学生认识升维类比的实质是二维↔三维，点↔线，线↔面，面↔体等，让学生体会升维类比是沟通空间问题与平面问题的桥梁，学会在以后处理空间问题的时候应用升维类比。

问题5：平面向量基本定理是把两向量的起点移到同一点，运用平面向量的四边形法则进行证明，那么空间向量如何处理呢？

$\boldsymbol{a},\boldsymbol{b},\boldsymbol{c}$ 不共面，我们先来考虑两两垂直的情况，然后考虑其他情况。下面以具体例题进行分析。

如图3-1所示，M,N 分别是四面体 $OABC$ 的边 OA,BC 的中点，P,Q 是 MN 的三等分点，用向量 $\boldsymbol{OA},\boldsymbol{OB},\boldsymbol{OC}$ 表示 $\boldsymbol{OP}$ 和 $\boldsymbol{OQ}$。

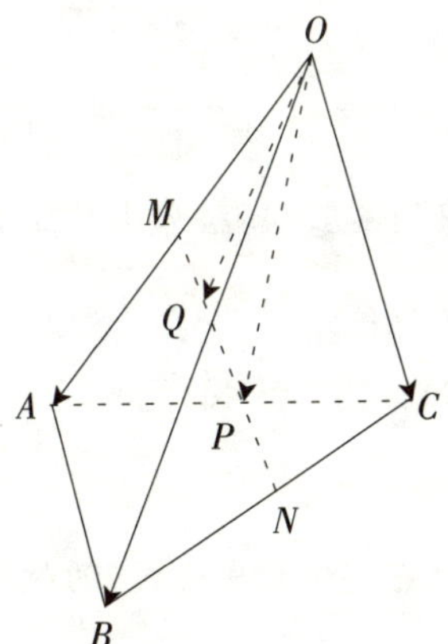

图 2-1 四面体

教师提问:如何解决?

学生思考、讨论、回答。

学生利用本节课所学知识尝试思考完成,最后教师分析总结。

设计意图:使学生学会运用空间向量基本定理解决问题,达到学以致用的目的。

(三)课堂小结

总结:①空间向量基本定理;②主要运用数学方法——升维类比。

学生总结,教师补充。

设计意图:整理归纳所学知识,完善学生的认知结构,让学生明确本节学习内容,并培养学生总结的习惯。

(四)布置作业

教材内练习题第 1 题、第 2 题、第 3 题。

设计意图:巩固学生本节课所学知识。

七、教学评价

本节课的主要特点是逐步引导、步步设问,通过一个个问题的提出,加深学生对主要内容的理解,应用升维类比和多媒体辅助教学的方式,突破本节课的重点和难点,同时让学生体会升维类比推理的魅力,培养学生升维类比推理的能力。

(二)案例二

"空间两点间的距离公式"的教学设计

空间两点间的距离公式很简单,有的教师不讲,直接给出公式。这样处理虽然达到了知识获得的目标,但学生只知其然,而不知其所以然。而笔者实习学校的A教师选择了基于学生自主的类比教学,教学效果很好。

选择基于学生自主的类比教学,空间两点间的距离公式内容的教学任务有两个:一是空间两点间的距离公式的掌握,二是类比思维能力与自主学习能力的培养。

一、自主类比学习

首先,上课的前一天,教师布置任务。同时,要留给学生适当的时间。这是学生自主类比学习的基本需求。教师A直接布置任务,即"类比平面两点间距离公式,猜想空间两点间距离公式"。

由于教师A在日常教学中很注重类比教学,所以他的学生有一定的自主类比经验,因此教师A直接布置类比任务。实际上,如果刚开始就进行类比教学,或者学生还不能很好地自主完成类比,那么教师可以设置一些循序渐进的问题。

以下问题可供参考:

第一,类比在平面直角坐标系下原点到点$P(x_0,y_0)$的距离公

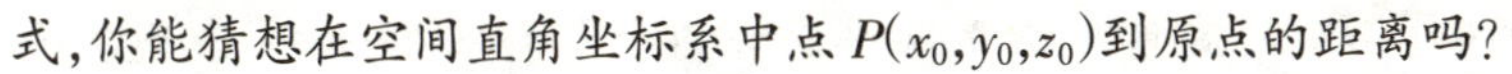

式，你能猜想在空间直角坐标系中点 $P(x_0,y_0,z_0)$ 到原点的距离吗？

第二，在平面直角坐标系中，点 $P(x_0,y_0)$ 到点 $O(0,0)$ 的距离 $|OP|=\sqrt{x_0^2+y_0^2}$，那么在空间直角坐标系中，点 $P(x_0,y_0,z_0)$ 到点 $O(0,0,0)$ 的距离是什么呢？

或者：

第一，平面直角坐标系中，两点间距离怎么用坐标表示？为什么？

第二，空间直角坐标系中，两点间的距离公式是什么？类比平面直角坐标系中两点间距离公式猜想并验证你的猜想。

平面与空间中两点间的距离公式为什么可以类比？本质是什么？

如果类比的难度较大，教师甚至可以发一份帮助复习源问题及其结论的小篇子。

其次，学生自主类比学习。有的学生翻阅教材，有的学生查阅笔记，每个学生都有自己的学习方式，复习平面两点间距离公式的推导，即源问题及其结论，然后从各自的角度类比猜想空间两点间距离公式并验证。

学生复习源问题及其相关结论的好处有四个：一是起到温故的作用；二是起到知新的作用；三是起到联系的作用，把旧知识与新知识通过类比串联起来，让学生头脑中的知识点建立联系，不再零散，使学生头脑中的知识体系结构化；四是起到锻炼类比思维的能力。

有的学生直接从形式上类比。平面直角坐标系上两点间的距离公式是根号下的两点的横坐标的差的平方与纵坐标的差的平方

的和，而空间直角坐标系比平面直角坐标系多了一维，表现在平面上的一点用两个数组成的数对表示，而空间中的一点用三个数组成的数对表示。很明显，空间直角坐标系上两点的距离公式只要在根号下再加上一个差的平方就是了。这样类比是合理的，但还需要证明。

有的学生从过程上、研究方法上类比。他们仔细复习了平面直角坐标系上两点间距离公式的由来，发现用的是勾股定理，即在平面上构造一个过那两点的直角三角形，使求两点间的距离转化为求直角三角形的斜边。于是，他们类比地在空间中构造了一个直角三角形。这一过程是类比的过程，又由于类比的是证明的方法，所以也是证明的过程。

二、类比地讲学习结果

这一过程是在课堂上由学生主讲，一是讲自己类比过程中的心得体会等，二是类比地讲出新内容。教师主要负责监督、补充，师生合作完成。

课上，教师让学生说说自己是怎么类比的。两位学生向全班同学分别说了自己类比的过程。接着，教师让学生甲类比平面直角坐标系两点间距离公式，讲空间直角坐标系两点间距离。而学生乙的讲解大致如下：

首先，学生乙用问题激起大家的思考："平面直角坐标系中，如何得到两点间距离公式呢？"

学生乙停顿数秒，接着说："用从特殊到一般的方法得到。"

"首先是任意一点到特殊点原点的距离公式，然后是与坐标轴平行的两个点的距离公式，最后得到任意两点的距离公式。"

以下展示学生乙的类比教学。

学生乙：平面直角坐标系上任意一点 $P(x_0,y_0)$ 到原点 $O(0,0)$ 的距离是什么？

其他学生：$|OP|=\sqrt{x_0^2+y_0^2}$。

学生乙：为什么？

学生乙在大家回答的基础上总结并提示：在平面上构造一个过那两点的直角三角形，使求两点间的距离转化为求直角三角形的斜边。类比地，在空间中，也构造一个这样的直角三角形。

学生乙：在空间直角坐标系中，任意一点 $P(x_0,y_0,z_0)$ 到点 $O(0,0,0)$ 的距离是什么？

学生乙在大家回答的基础上总结：在平面上，我们构造了一次直角三角形，而在空间中构造了两次，因此平面两点间距离公式根号下有两个差的平方，那么空间两点间距离公式的根号下就有三个差的平方。

在类比教学中，选择合适的问题促进学生的类比是重要的。

在类比教学中，提问题的目的有两个：一是帮助学生激活、回忆源问题及相关结论；二是帮助学生选择合适的角度类比。

对于第一个目的，需要提的问题是关于源问题的，如“在平面直角坐标系中，点 $P(x_0,y_0)$ 到原点 $O(0,0)$ 的距离是什么？这个公式是怎么得来的？”

对于第二个目的，需要提的问题是关于类比角度的。在平面与空间两点间距离公式的类比中，如果想要从形式上进行类比，那么可以这样引导、提问：“平面上的一点用两个数组成的数对表示，而空间中的一点用三个数组成的数对表示。平面直角坐标系上的两

点距离公式是根号下的两点的横坐标的差的平方与纵坐标的差的平方的和，而空间直角坐标系比平面直角坐标系多了一维，那么空间直角坐标系上两点的距离公式是什么？”如果想从过程与方法的角度类比，那么可以这样引导、提问：“平面直角坐标系上两点间距离公式是怎么得出的？”

三、验证猜想的结论

验证要用演绎推理，猜想的结论不一定正确，但验证是必要的环节。

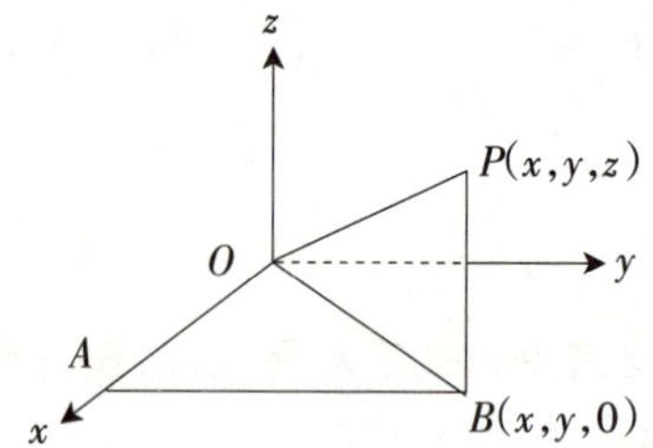

图 2-2　空间直角坐标系

如上图，点 P 在 xOy 平面上的射影是 B，点 B 的坐标是 $(x,y,0)$，$|OB|=\sqrt{x_0^2+y_0^2}$。在直角 $\triangle OBP$ 中，$|OP|=\sqrt{|OB|^2+|BP|^2}=\sqrt{x_0^2+y_0^2+z_0^2}$。

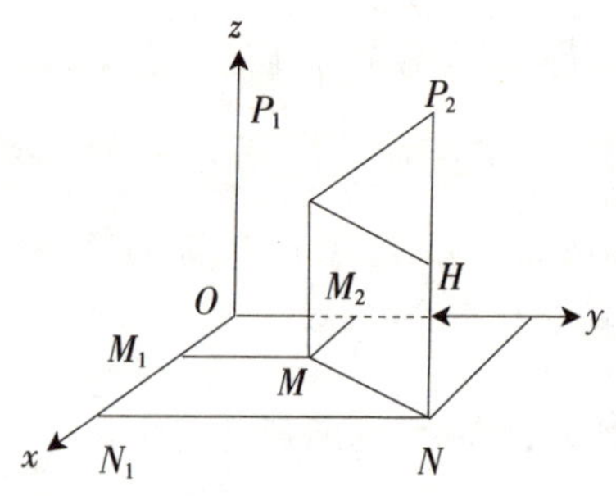

图 2-3　空间直角坐标系

如图 2-3 所示，作线段 P_1P_2 在坐标平面上的正投影，把空间问

题转化为平面问题。设点 P_1,P_2 在 xOy 平面上的射影是 M,N，因为 $P_1(x_1,y_1,z_1),P_2(x_2,y_2,z_2)$，所以 $M(x_1,y_1,0),N(x_2,y_2,0)$，$|MN|=|P1H|=\sqrt{(x_1-x_2)^2+(y_1-y_2)^2}$，$|P_1P_2|=\sqrt{|P_1H|^2+|P_2H|^2}=\sqrt{(x_1-x_2)^2+(y_1-y_2)^2+(z_1-z_2)^2}$。

四、总结与升华

学生做出了一般性的知识总结，但没提炼出深刻道理，于是教师做出了如下补充。

教师首先讲道："至此我们知道了平面直角坐标系上的两点，即点 $P(x_0,y_0)$到原点 $O(0,0)$的距离 $|OP|=\sqrt{x_0^2+y_0^2}$，空间直角坐标系上的两点，即点 P（x_0,y_0,z_0）到点 O（$0,0,0$）的距离 $|OP|=\sqrt{|OB|^2+|BP|^2}=\sqrt{x_0^2+y_0^2+z_0^2}$。这两个公式在形式上很类似，都是两点坐标相应位置的数字的差的平方的和的平方根，但它们之间也有差异。那么，这些相同与不同的本质原因是什么呢？"

接着，教师分析，平面是二维的，空间是三维的，在形式上，平面直角坐标系上一点的坐标是一个二维数组，而空间直角坐标系上一点的坐标是一个三维数组；平面直角坐标系上两点的距离是两点各自二维数组对应位置数字的差的平方的和，由此容易得出类比猜想：空间上两点的距离也是两点各自三维数组对应位置数字的差的平方的和。

从平面直角坐标系上两点间的距离公式的证明可以看出，我们是根据勾股定理推出的平面直角坐标系上两点间的距离公式的。在平面直角坐标系中，任意两点(除重合的两点、所在直线与 x 轴或 y 轴平行的两点)间的线段都可以与分别过这两点的平行于 x

轴和 y 轴的另两条线段构成一个直角三角形，这两点间的距离就是此直角三角形的斜边的长度。而在空间直角坐标系中,任意两点(除重合的两点、所在直线与 x 轴或 y 轴或 z 轴平行的两点)间的距离则需要用两次勾股定理。

经过理论探究和教学实践的研究,得到如下结论:

第一,学生在数学学习的过程中,类比推理意识比较淡薄。面对问题,学生既想不到用类比推理,也害怕用类比推理,认为靠类比猜出来的结论心中完全没有底气。

第二,类比推理能力的培养可以通过创设类比情境,对概念、解题方法、知识结构的类比进行培养。在教学实践中,教师通过创设教学情境,为学生搭建类比推理的桥梁,使学生增强类比推理应用于数学学习的意识,通过概念、解题方法技巧和知识结构等方面的教学分析，从不同的知识层次和角度对学生进行类比推理应用的指导,使学生感受到类比推理给数学学习带来的思维广度,逐步培养学生的类比推理能力。

虽然本研究对于高中学生数学类比推理能力的培养做了一些理论探究和课堂实践研究,但是由于时间的限制,使得本研究存在这样或那样的不足,特别是在效果检测方面,学生的类比推理能力的检测往往是通过卷面来进行反映的，这就要求建立一套完整的能力评价体系,提供合适的检测试卷,对学生的能力进行不同阶段的监控,以分析通过一段时间的课堂教学实践,学生的类比推理能力是否有所提高。但是,由于时间的关系,本次探究只是访谈了学生通过课前、课后对类比推理的不同感受,没有对效果进行卷面检测,无法通过卷面更加客观地对能力的变化进行评价。

在今后的教学工作中，除了继续进行类比推理能力的课堂实践研究之外,还要建立一套合适的能力评价体系,对学生类比推理能力的变化进行实时检测,将这种变化再反馈到课堂教学中,不断改进类比推理能力的培养方法。

第三章　发展批判性思维的学习方法

第一节 批判性思维的概念界定

一、批判性思维的概念

“批判性”一词源自希腊文“kritikos(Critic)”,意思是辨别力、观察力、判断力,即“辨明或判断的能力”。它可追溯到krinein,意为“决策”。而批判性思维可追溯到杜威的“反省性思维”,也就是“能动、持续和细致地思考任何信念或被假设的知识形式,洞悉支持它的理由以及它所指向的进一步的结论”。其实,就是思考自己的决定或判断,进一步思考为什么要这样做。这里涉及了提出恰当的问题和做出合理论证的能力。

(一)批判性思维的提出

继古希腊先哲之后,批判性思维一直在人类思想史上发展。在人类历史上,科学、哲学等各个领域的开创者都为批判性思维的发展做出了巨大的贡献,如从大家熟知的培根、笛卡尔、洛克、康德、马克思、斯宾塞,到哥白尼、伽利略、开普勒、波仪耳、牛顿、达尔文、弗洛伊德、爱因斯坦、爱迪生等。如果离开了这些思想家、科学家对批判性思维的探索,那么人类知识、科学、技术就很难得到突破和发展。这种大胆质疑、小心求证、一丝不苟的追求真理的批判性思维能力,是教师在教学中应不断追求与培养的能力。

(二)批判性思维的定义

关于什么是批判性思维,国内外众多学者给出了不同的定义,

其侧重点也各自不同，至今仍没有一个统一的概念。因此，对于批判性思维的解释，目前学术界还存在着多种观点。

谷振诣在《批判性思维教程》里指出："批判性思维就是发展和完善人们的世界观并把它高质量地应用在生活的各个方面的思维能力。具体一点说，就是面对人们相信什么或者做什么而能做出合理决定的思维能力。"

还有学者根据批判性思维者的表现，说明批判性思维的根本是关于信念、信仰辨伪求真的思维能力。余奎认为："批判性思维是一种分析、比较、评估、批判的能力。批判性思维者愿意探索艰难的问题，包括向流行的看法挑战。批判性思维的核心是主动评估观念的愿望。在某种意义上，它是跳出自我、反思自我的思维能力。批判性思维者能够分析他们观点正确与否，考查他们推理的缺陷。"

一个比较简单的定义是罗伯特·恩尼斯表述的，即批判性思维是理性的和反思性的思维，其目的在于决定我们的目的和行动。换句话说，就是对人们应该做什么和怎么做的思考。

概括地说，批判性思维从广义上来说，是人们用批判的眼光去看待新知识，用自己独立的思维去思考问题，决策行动，表现的是人们的一种思维习惯和态度；而从狭义的角度来说，是人从接触新知识开始，采用提问的方式，发现问题，大胆质疑，探索分析并解决问题，最后再反思整个过程，对所学知识的真实性、准确性、价值和特点做出自己合理的判断。这也是从作为一种思维技能活动来说的。简单地说，学习新知识，并分析判断新知识的整个思维活动过程，称为批判性思维。而批判性思维又分为有意识的批判性思维和无意识的批判性思维，其中有意识的批判性思维强于无意识的批

判性思维。

二、高中数学批判性思维的内涵

(一)高中数学批判性思维的概念

无论从上述哪方面考虑，都不能完全适用于在高中数学批判性思维培养的定义,也不能突出数学学科的本质含义。所以,我们必须从数学教育教学方面出发，对批判性思维进行重新探讨。那么,从描述性定义上来讲,批判性思维是根据特定的标准对新的认知事物进行判断、辨明的能力。在《辞典》里,“批”是“判断、评论”,“批判”是指“评论对错与是非”。而“思维”是人类所特有的区别于动物的有效认识形式,是人类对认知事物的反映。它以感性认识为基础,在人类的生活活动中起到连接人脑和外界事物的作用,这正是认知的初级阶段。随着认知的深入,思维实现了从现象到本质、从感性到理性的转化,即思维是人类解决问题的关键之一。

由此可见，批判性思维并不像人们所认为的那样是对别人观点或者理论的简单否定,也不是单纯的抱怨或谴责,而是建立在质疑、反思等一系列分析和推理基础之上的,经过深思熟虑的一种思维方式和能力。综合以上特点,本书认为数学批判性思维是指在数学学习中,有目的地对所学、所接触到的知识进行分析、判断、探究和评价,并在此过程中不断地自我反思,最终理解、明晰所学到的知识且能够熟练应用。

(二)高中数学批判性思维的实质

1. 培养高中学生分析判断的筛选能力

让高中学生对所学数学对象进行观察、分析和比较,并在此过程中识别出所学知识的本质,进而判断此数学现象或概念、推理是

否准确，观点是否恰当，结论是否正确，最终使学生做到对所接触的信息不盲目接受，能够认识其本质，获得对自己有用的结论，并掌握解题方法。

2. 增强高中学生的推理、推导能力

使高中学生在分析判断的基础上，利用现有掌握的知识和技能，运用归纳、演绎等推理方法，提出新的观点和假设，并在不断思考中进行完善。长此以往，学生在处理复杂问题时，就能做到井井有条，能对所提出的问题做出解释，做到有据可依。

3. 使高中学生具有自我调整和矫正能力

高中学生正处于青少年时期，对所接触到的任何事物都有探究的欲望，任何事物对于他们来说也都具有一定的新鲜性。这使得他们想要了解事物的运行方式、方法，以及组成事物的本质特征。也许，学生在不断探究过程中会反感、迷茫，但批判性思维会不断地带来新的问题，再结合数学中的逻辑推导，可以在一定程度上使学生保持探究中的新鲜感，使学生在整个数学思维过程中不断调整、矫正，最终达到满意成效。

（三）高中数学批判性思维的特征

1. 质疑

批判不仅仅是单纯的否定，而是为了求真，为了了解数学的本质，并应用数学。所以，质疑是批判性思维的本质。而用怀疑的眼光去看待所接触到的信息和知识，有针对性地对课本上的知识和所授要义保持质疑精神，能够促进高中学生对所学概念、公式进行理解，加强高中学生的逻辑思维能力。因此，学生只有不断质疑，才能在学习的过程中不断思考，完善解题过程，形成自己独特的知识框

架，理顺解题思路，从而形成发散性思维模式，最终达到思维发展的完善目的，这是培养批判性思维的基础。

2. 反思

反思是指在解决问题中进一步思考，以完善解题思路。只有通过提问—求解—反思—探究—总结这一学习过程，才能真正提高学习能力并解决问题。而批判性思维要求我们在不断反思中进行自我改善，为思考而思考，对自己的观点不断自我批评、自我改正，这样才能认识知识的本质。长此以往，我们所做出的推理和决策才更加客观和全面。

3. 创新

批判性提出的创新是在质疑的基础上得到的，打破了对常规、传统的盲目听从，是对权威的超越。用毋庸置疑的眼光对待所学知识，并在此基础上不断反思，从而得到新的观点或理论，是批判性思维的目的。

4. 全面整合

高中学习阶段要求学生拥有自己的知识结构框架，以便学生在学习的过程中利用已有的方法技能，更快、更准确地掌握新的概念和公式。而批判性思维是出现在整个认知过程中的，不是单一片面地针对某一问题，而是对整个思维整体来说的。这确定了批判性思维不是对认知对象的片面理解，而是多方面、多元化、全方位的审视，并在理解掌握的基础上，对所得到的信息不断整合，直至各种认知和技能有机地结合在一起，而不是机械性相加。

三、批判性思维与数学思维的关系

(一)数学发展中的批判性思维思想

纵观数学的发展史,无论是数的概念的形成,还是初等几何的产生;无论是近代解析几何的建立,还是微积分的形成,无不渗透着批判性思维的思想,伴随着批判性思维的影子。下面,我们循着历史的足迹,简单地综述几例。

翻开数学的历史,我们可以看到在古希腊,几何学就是数学的同义词,而代数是以几何的面貌出现的。在当时,代数问题往往依赖几何的方法来解决和论证。这样,在实际应用中十分不便。当时,也有许多数学家发现了这个问题,但是迫于权威的震慑,并没有提出改进的建议,只有笛卡尔不畏权威,潜心钻研,终于建立了解析几何体系,出现了代数化的趋势。从此,几何问题又常常依赖于代数的方法来解决和论证。此后,变量也开始进入数学。牛顿和莱布尼兹的微积分的产生就是变量方法和思想的系统运用, 从此开创了一门既非几何又非代数的数学新领域——微积分。可以说,微积分的产生是数学家冲破传统数学的逻辑严格性的束缚, 敢于相信力学、物理学,重视解决实际问题精神的体现。

在康托尔的集合论产生之初,由于其不够完备,所以从 20 世纪 90 年代开始,相继产生了许多悖论,其中较有影响的是 1902 年罗素发现的轰动整个数学界的“罗素悖论”。当时,西方数学界宣布数学出现第三次危机。为了解决这个问题,数学基础研究者产生了各种各样的派别,提出了不同的数学观点和改造数学的方案。这些学派之间相互争论,互相批判,把数学基础和数学哲学的研究推向了高潮。同时,在各个派别相互批判的过程中,也使康托尔的集合

论进一步得到了完善。此外,概率论的产生是费尔马、帕斯卡和惠更斯等人打破以往的数学研究的确定性的束缚，使数学开始涉猎偶然事件,从而使以研究非确定性现象的概率论问世。

总之,考查数学的发展史,古到数学的萌芽时期,今至现代数学时期,无不渗透着批判性思维的思想。除了上面的几例之外,诸如非欧几何的产生、无理数的发现、三大作图的不可能性、高次方程求根公式的不存在性、希尔伯特的《几何基础》缺陷的发现等一系列的数学事件,都是批判性思维的产物。可以说,没有批判性思维的精神,就不敢挑战,就不能开拓,科学就难以发展。

(二)数学的主要思维品质

思维是人脑对客观事物的特征和规律的一种间接的概括与反映,思维发生与发展过程中所表现出来的个性差异就是思维品质。思维品质是思维能力的表现形式，不同的思维品质必定表现出不同的思维能力。一般认为，数学的思维品质主要包括思维的敏捷性、灵活性、深刻性、独创性和批判性。但在我们的数学教学中,过多强调的是它的敏捷性、灵活性与深刻性,而对思维的批判性在认识上稍显不足,在训练上缺乏力度,从而导致学生缺乏批判精神与自主意识。此外,在迷信权威的同时,迷失了自我,更谈不上有什么独创了。

(三)数学思维与批判性思维的关系

由以上分析可以看到，批判性思维与数学思维是既有区别又有联系的一对概念。它们二者的区别主要体现在以下几个方面:对数学思维,我们一般强调其严密性、确定性与较强的逻辑性等,而批判性思维是一种较为开放的思维形式,一般以评估、推断、猜测、

分析、归纳与综合等为其主要内容,但二者又是相互渗透的,如前面所述一些重大的数学发现无不伴随着批判性思维的成分，而在批判性思维的一些过程中,也有数学思维的影子。

第二节　批判性思维的研究概述

一、国内外研究现状

从某种意义上说,人类思维方式的进步推动了社会的进步,它们是相辅相成、相互促进的。早在两千多年前,东西方就同时出现了批判性思维的萌芽，并不约而同地提出如何站在思维的角度认真看待问题和如何思考等。在西方,有希腊伟大的哲学之父柏拉图的著名的有关山洞类比,告诉我们真理不会那么容易被发现,但它却一定存在,只要我们能够善用批判性思维来批判不正确的观念,真理就会出现。亚里士多德说:“未经过反省的生活是无价值的。”“真正的美德不可没有实用的智慧。”还说:“人生最终的价值在于觉醒和思考的能力,而不只是在于生存。”同时期,在东方古国,也有我们的圣人孔子说:“吾日三省吾身,学而不思则罔,思而不学则殆。”孟子说:“尽信书,不如无书。”这些都提出了思维的作用。但作为我国批判性思维的开创者,还应属墨家学派。墨家在与先秦诸子百家进行辩论的过程中，对各个学派的主张进行了严格而理性的审查，对其论证予以严密分析和评估，形成了墨家的批判性思维。这些都是对今天同样有益的教育指导思想,为两千多年的人类文明发展奠定了的基础。

（一）国外学者的研究现状

早在20世纪初，美国社会学家威廉·格雷安·索姆奈在其著作《社会习俗论》中就提道："批判性思维能力教育是造就好市民的唯一的教育方式。"杜威也赞同其观点，最早地系统地论述了批判性思维（杜威称其为反省思维）问题。他在书中明确地提出，必须积极倡导在学校中开展反省思维教育，并把提高反省思维能力作为教育的目的之一。他认为，反省思维使人们的行动具有自觉的目的，可以促进知识的创新，可以更好地理解事物的意义和价值，因而具有重大的社会价值。他把反省思维等同于科学方法，认为对于任何信念或假设性的知识，按照其所依据的基础和进一步导出的结论，去主动、持续和周密地思考，就形成了反省思维。他将反省思维看作一个解决问题的过程，把概念、分析、综合、判断、理解、推理、假设、检验作为反省思维的基本要素。

20世纪中叶以来，在以美国为首的西方国家中，一些备受瞩目的热门课题总是离不开批判性思维研究。在20世纪60—70年代，批判性思维研究有了进一步的发展，主要来自两个方面的影响：一是受皮亚杰儿童心理学和认知发展理论的影响，指导我们从认知发展阶段的观点，来研究批判性思维；二是批判性思维的技能理论研究有了新的突破与进展。后来，批判性思维运动在西方得到了进一步推广和深化，逐渐形成了制度化和课程化，并陆续在高中和大学课程中开设有关批判性思维的课程，内容包括推论分析、演绎分析、归纳分析、问题假设、问题解决、可能性和不可能性确立等方面的技能。

在一些西方发达国家，提高批判性思维能力已经成为个人成

长和教育的核心目标之一。1990年,美国国会发表题为《2000年目标:美国教育法》的工作报告,在报告中指出,要以促进大学生批判思考、有效交流与解决问题作为2000年的国家教育培养目标。同时,委内瑞拉政府也曾在20世纪80年代要求全国各级学校积极开展批判性思维的相关课程。由此我们看到了发展中国家在批判性思维能力培养上的重视程度。自20世纪90年代以后,随着信息技术的高速发展与经济全球化,国际竞争日益激烈,各国对于人才的要求逐渐提高,都意识到发展学生和社会成员的批判性思维的重要性,因而批判性思维研究和教学实践空前繁荣。所以,更多的学者加入批判性思维研究中,并渗透到社会生活的各个角落,特别是以美国为代表的西方国家表现出了对批判性思维培养的高度热情和重视,把它作为大学各专业学生的公共必修课的基础课程。在美国,批判性思维教学已形成一套完整体系,从4岁的学龄前儿童开始就已经有相关的批判性思维培养教材可供使用和参考,并针对不同专业和职业培训,都可以找到相应的参考教材。

看到这里,我们不得不仔细省视一下,在东西方文化中,曾经不约而同地出现了批判性思维的萌芽,但是到底是何种力量使得批判性思维的萌芽在西方国家生根开花,又是什么力量使得这种对批判性思维教育的重视从个人观点变成一种国家行为。也许,这才是我们目前应该研究和学习的地方……

(二)国内学者的研究现状

相较而言,由于很多历史与政治的原因,国内对批判性思维的关注始于20世纪80年代。当时的学者们已经开始关注并搜集有关国外批判性思维的著作与研究。学者们在对国外著作《批判性思

维》(1989年)、《走出思维的误区》(1994年)等翻译的基础之上,对其理论进行了综合与归纳,给国内研究者以启迪与借鉴,从而促进了国内批判性思维的研究。直到20世纪90年代后期,批判性思维对教育的重要意义才被部分学者所重视。同时,2000年前后,有关批判性思维及其教育的文章才开始陆陆续续地在各种教育期刊和杂志上、大学学报上发表并引起学者的讨论与研究。其中,比较有影响的要算北京师范大学心理系教授刘儒德的《批判性思维及其教学》和《批判性思维的意义和内涵》,而这两本著作论述了批判性思维的含义、培养方式、方法等问题。从此以后,2002年华东师范大学教授钟启泉发表了题为《"批判性思维"及其教学》的文章。同年,南京师范大学罗清旭把《批判性思维理论及其测评技术研究》作为其博士论文。如此,近十年来,由于高等教育的力度和维度不断地加强与扩大,许多长期在教育一线工作的教师也重新回到校园,加深其理论研究的学习,并结合自己的教学实践部分,与来自不同学科的教育学者,不约而同地把眼光集中在了批判性思维对其学科教育影响的研究上,如杜蓄峰的《论语文教学中批判性思维的培养》、福建师范大学的教育硕士朱加贤的《高中化学教学中培养学生批判性思维的探究》、华中师范大学教育硕士的《批判性思维教学与中学历史教学的研究》、上海师范大学教育硕士邱家军的《论我国基础教育阶段批判性思维的培育》和上海师范大学教育硕士唐海燕的《中学数学教学中如何培养学生的批判性思维》等。但在这些研究中,有关数学教学与批判性思维的研究相对较少,其中还有部分分析的是高等数学。唐海燕的所谓中学数学也旨在对高中数学与批判性思维的培养进行研究。

纵观这十几年国人对批判性思维研究的历史，我们发现教育学界和心理学界最早认识并接受批判性思维研究的重要意义。但是，迄今为止，对批判性思维的研究仍没有从个人行为演变成国家行为。在我国的高等教育的课程中，至今都没有出现有针对性地关注批判性思维培养的课程，同样地在基础教育中，像数学这样的传统教学科目中，往往强调的也是逻辑性思维的培养，在教育教学纲要中也没能出现批判性思维等字样。由此，我国从基础教育到高等教育中对学生批判性思维培养的淡忘可见一斑。而在西方，特别是欧美等国的教育规划中，却屡屡出现批判性思维的字眼。他们对批判性思维的重视与我国的淡忘形成了鲜明的对比，因此笔者觉得对批判性思维的研究具有必要性与迫切性。

二、批判性思维与其他思维之间的关系

（一）批判性思维与创新性思维之间的关系

把批判性思维看作问题解决和创新性思维的一个组成部分的观点，是大多数学者的共识。但近年来一些学者更加注重强调批判性思维与创造性思维两者之间的区别，认为创新性思维更侧重于想象力、直觉判断的发挥，而批判性思维更注重逻辑分析和判断的作用。比如，根据斯腾伯格的思维三元理论，思维可分为三个层面：批判—分析性思维、创造—综合性思维、使用情境性思维。

其实，在将批判性思维与创新性思维同样看作一种综合思维技能和完善人格的组合前提下，可以将它们看成相互关联、相互渗透、互为补充的两种并列的思维形式。一方面，批判性思维是创造性思维的重要方面，无批判地吸收知识就永远不会有创造的问题；另一方面，除了具有分析性、严密性等特征以外，批判性思维还具

有自主性、灵活性、实践性与创新性等主要特征。批判性思维主体能够不轻易被他人的观点或情境的暗示所左右，能够多视角、多侧面、多角度地进行思考和论证，全面反映事物的本质和内在规律，在实践过程中自觉发挥调节、控制的功能，对于反馈的信息及时做出反应，做出分析、综合和判断。因此，批判性思维本身就充满着反思和超越，本身就是一种发展和建树的过程。在解决现实生活中的真实问题时，人们往往需要交替使用这两种思维。

（二）批判性思维与逻辑思维的关系

批判性思维和其他思维一样，也必须符合逻辑。在批判性思维中，分析、判断、评价与检验过程往往需要精确而严密的逻辑推理。因此，可以说，批判性思维也应是一种逻辑思维。但批判性思维与逻辑思维之间又有着很大的区别，批判性思维更关注思维结果的准确性与价值性，更强调思维的创见性和灵活性，而僵化的逻辑思维可能会极大地妨碍批判性思维。因此，只关注逻辑思维的训练，忽视培养学生个人的创见，很难使批判性思维得到真正的发展。

（三）批判性思维与思维批判性的关系

在国内，与批判性思维极为相近的一个概念是思维批判性。思维批判性的研究与使用相对广泛。思维批判性是指思维活动中善于严格地估计思维材料和精细地检查思维过程的思维品质。朱智贤、林崇德在《思维发展心理学》一书中，阐述了思维在问题解决过程中所体现的分析性、策略性、全面性与正确性等特征，对思维批判性做了进一步的解释。从批判性思维与思维批判性的定义所表述的内容来看，两者均反映了思维的分析、判断、检验与回顾的功能，同时与自我意识、自我监控等元认知内容密切相关，而思维批

判性的特征也可看作批判性思维的特征。因此,思维批判性可以看成批判性思维特征与结果在认知活动中的具体体现。因为思维批判性侧重于反映个体思维发展水平的差异性，是衡量思维优劣与能力高低的一个主要指标,是思维的一种重要品质,而批判性思维是综合能力,是一种复杂的认知过程。由此可以看出,两者之间是存在本质区别的。

(四)批判性思维与元认知的关系

元认知是指主体对自身所从事的认知活动的自我意识、自我评价和自我调整。而批判性思维实质上是一种自我调节性的判断。在批判性思维认知过程中,无论是认识到问题的存在,形成解决问题的策略和心理表征，还是检验问题，得出结论和对假设加以反馈,都离不开自我意识的调节与监控。因此,元认知在批判性思维活动中具有统帅作用,是其核心成分。所以,个体必须具有较好的自我调节与自我监控能力，这样才有可能做到客观公正地评价自己和他人的观点,遇事独立思考和分析,通过监督活动,及时获取反馈信息,对认识活动的有效性做出判断,并进行相应的调节。

三、批判性思维的要素分析

就目前的研究来看，研究者们对批判性思维的总体结构基本上达成了一致意见。研究者普遍认为,批判性思维除了批判性智力技能之处,还必须包含批判性精神。但是,对批判性精神与批判性智力技能具体包含的内容则存在分歧。对于批判性精神,一种观点提出它涉及情感和态度维度,具体包括寻求真理、思想开放、解析性、系统性、有序性、批判性思维的自信性、认知成熟性、乐观性这样一组内容。而其他的研究者提出它包括乐于计划、灵活性、坚持

性和自我纠正的愿望。在批判性智力技能方面,加利福尼亚批判性思维测验提出批判性思维智力技能包含两个方面：一是批判性思维技能。人们在反省性的推理性的批判性思维过程中,交替使用这些技能,对产生知识的证据、背景、理论、方法和衡量知识的标准做出合理的判断。二是批判性思维的自我调节能力。批判性思维作为一种有目的性的判断过程，元认知的自我调节性是批判性思维的核心。两组智力技能由分析、评价、推断、演绎推理和归纳推理五个部分组成。尼德勒则提出批判性思维能力包括三个方面 12 种基本的智力技能,分别包括:①定义和明确问题——由识别中心论题或问题、比较异同点、确定哪些信息是有关的、形成适当的疑问四种智力技能组成;②判断相关信息——由区别事实、观点和合理的判断,检查一致性,识别字里行间的假设,识别原型和套话,识别偏见、情感因素、宣传与语义倾向性,识别不同的价值系统和意识形态六种智力技能组成；③解决问题与做出结论——由识别材料的适当性、预测可能的结果两种技能组成。霍尔普恩则认为,它由言语推理能力、论题分析技能、假设检验技能、概率与统计技能、决策与问题解决技能和元认识监控六方面组成。

在对批判性思维总体结构的研究中，罗清旭认为必须强调两点:一是批判性思维的人格特征,即对批判性思维活动持有一种积极的情感和态度,在日常生活、学习、工作中,善于用批判的眼光来看待、分析所遇到的思维、观点和方法等的合理性;二是自我调节与监控能力。批判性思维是认知过程的一部分，认知到问题的存在，以及形成解决问题的策略和心理表征与批判性思维的发展都有着密切的关系,都涉及计划和监控。而自我调节与监控是批判性

思维的核心和重要基础,直接影响着批判性思维的形成和发展。对此,笔者比较认可。所以,批判性思维的要素包括如下三个方面。

(一)批判性精神

1. 真理性

批判就其本质而言,是对事物的否定、再否定,然后上升到肯定。要否定任何东西,必然要受到被否定方的反对和经受由此产生的压力。因此,为真理献身的精神在批判性思维的发展中至关重要。

2. 思想开放性

教条与思维僵化是封闭心理的特征。如果一个人思想教条与僵化,那么他只会墨守成规,甚至为旧事物辩护。个体只有形成思想开放的态度,才愿意多视角、多方位、系统地看待遇到的事物,并全力去探究思想中产生的疑问。

3. 思想独立性

不人云亦云,独立思考,有助于批判性思维的形成与发展。

4. 对否定的自信性和乐观性

坚信世界上不可能有绝对的权威,任何人都可能犯错误。任何知识和事物都不可能完美无缺,因为这是对否定充满自信性和乐观性的重要表现。对否定的自信,可以有效地抵消因为批判性思维的展开而带来的消极面。

5. 责任与使命感

对社会存在的消极阴暗面,对知识表现出的混乱,对事物出现的缺陷,有一种必须要由自己去纠正它们的强烈责任感和使命感。

6. 认识的成熟性

个体倾向于用成人的思维方式，而不是以幼儿的思维方式，甚至是病态的思维方式，去看待事物的发展。

7. 坚持性与批判性

思维是一项艰苦的工作。开展批判性思维，意味着做别人没有做过的事情。在这个过程中，有挫折，更有压力和反对。没有任何人愿意被批判、被否定。努力坚持，才会有结果。

8. 对事物的探究性与好奇心

作为一种内部驱力，探究性与好奇心可以促使个体去发现新的事物，做出新的尝试。

(二)批判性思维的基本技能

1. 解析能力

解析能力是指把事物、知识、理论分解成它们的组成部分。复杂的知识往往包括已经说明和没有说明、相关的与不相关的东西在内。由于语言表述、个人思维的特点、所处的时代背景和文化等关系，现实环境的许多论题经常错综复杂。而要发现它们的不足和错误，澄清事物的意义，需要较强的解析能力。

2. 评价能力

评价事物的意义、推理的正确性与逻辑性、陈述的可靠性、信息的关联性、证据的正确性和前提的正确性，从而觉察出已表明和未表明的立场、意图与观点，形成疑问等，这就是所谓的评价能力。评价与判断是批判性思维建设性的反映。

3. 推测与假设能力

推测与假设能力是指在评价的基础上，根据掌握的资料，运用

归纳的方法,形成推测与假设。要否定原来的知识与事物,必须要形成新的推测与假设,预测出可能的结果与结论。通过演绎方法,证实或否认提出的新假设或者推测，是检验推测与假设能力的方法。它需要个体考虑相关的知识,并推导出结论。

(三)批判性思维的自我调节与监控能力

自我调节与监控作为元认知能力，在批判性思维中具有自我意识、计划、调节的功能。而批判性思维的自我调查能力作为一种内隐的心理过程,只能通过间接的方法推断出来。因此,对批判性思维的培养，主要是帮助学生养成对自己的思维过程进行自我评价和关注的习惯，使学生能够经常意识到自己是如何思维的和正在思考什么,并学会对它进行调节。

第三节　发展高中学生数学批判性思维的具体教学策略

一、高中数学教学中培养批判性思维的意义

(一)提高高中学生的时代发展力

高中处于大学前期阶段,而大学可是半个社会。要想在大学得到更好的学习和发展,为步入社会打好基础,就必须在高中时期增强高中学生的生存发展力,顺应知识经济和互联网的发展需求。而在西方国家,之所以重视批判新思维的教育,是为了适应时代的发展趋势。

首先，在这样一个信息社会中，尽管高中学生处于象牙塔内，但是每天各种广告、宣传等各类媒介也为他们提供了大量的信息。在这些五花八门的信息中，有真，有假，有积极的，也有消极的。而高中学生需要利用批判性的眼光和数学特有的逻辑思维能力，对这些信息做到去伪存真，以便区分和鉴别。

其次，为了适应即将进入的大学校园生活，高中学生要在有限的高中生活学习阶段，对所学知识达到真正的理解，为更深层次的学习打下扎实的基础。面对所遇到的学习生活问题，答案往往不唯一，能否在有限的时间内做出正确的分析判断，是高中学生所面临的严峻考验。

最后，在解决复杂问题时，我们提倡团队合作。在团队合作过程中，对队友的观点，要能够随时识别出其所包含的立场和错误。很显然，受到我国传统教学模式和环境的影响，我国高中学生严重缺乏批判性思维意识，短时间内很难具备这种能力，而且数学相较于其他学科而言，具有不可言喻的优势。所以，在高中数学教学过程中，培养学生的批判性思维，可以提高高中学生的时代发展力。

(二)加强高中学生的创新能力

如今的社会需要的是创新型人才，而且一个国家要想得以可持续发展，就要拥有创新型的人才。创新始于问题，也取决于问题，所以这就需要人们用批判性的眼光，看待身边的事物，发现问题，解决问题，为创新打下基础。如果没有了问题，那么创新就没有了源头。由此来看，批判性思维的培养是培养创新型人才的前提。只有做到不盲从，敢于提出质疑，否定不合理之处，并不断地在问题中进步，才能够得到真正的发展。而高中这一特殊阶段正是培养其

批判性思维的良好时期。在以往的教学活动中，教师往往“满堂灌”，学生容易产生思维惰性，有问题不去主动解决，只知道从书本或教师那里得到答案；而有意识地在高中数学教学中，开展对学生批判性思维的培养活动，可以活跃学生的思维，为学生的创新思维奠定基础，为社会的可持续发展积攒能量。

（三）有利于高中学生健全人格的养成

由于知识良莠不齐，所以造成了所谓的“信息污染”。在这种现状下，高中学生如果没有足够的鉴别筛选能力，那么就很容易受到各种消极信息的影响，伤害他们的身心健康。而要想提高高中学生对形形色色的信息的选择判断能力，就需要教师重视培养高中学生的批判性思维。这是人们把批判性思维列入未来社会公民必须具有的技能的原因。所以，健全人格的养成需要他们能够用批判性的眼光，去看待自己身边遇到的问题与做法，从而树立正确的价值观。而批判性思维表现出的思想开放与独立自主造就了尊重、自信的良好道德情操，是健全人格的基本要素。

二、高中学生批判性思维能力培养的缺失及其原因

（一）高中学生批判思维能力培养的缺失

随着自主招生的开始，一些题目如“对于现在的小品，为什么很多人觉得不好看了”“建造‘鸟巢’是不是浪费了金钱和材料”“我国是否应该建立赌场”等出现在了考生的面前。而这类具有开放性、“敏感”“另类”试题的出现，意在考查学生的独立思考能力和综合素质。但是，考生在面对这些别具一格的考题时，往往显得不知所措，毫无思想准备，要么答非所问，要么仅仅停留在政治层面，一味地肯定或否定。这样脱离应试教育的考题给了广大考生不小的

冲击力。而正是这种没有正确答案的开放性的考题，才使得教师更能了解到学生的思维灵活度，判断其是否具有分析和创造的潜质。同时，在解答的过程中，可以展现出学生的语言组织能力和逻辑思维能力。就目前来看，高中学生仍然习惯用固定的思维去解决问题，遇见问题时往往想要去寻找标准答案，盲目地崇拜教师，缺乏独立思考、提出问题、分析探究与自我矫正的能力，而这些能力都是批判性思维所必需的品质。

在一实验中，将一封闭的木桶底部挖出一圆形小孔，为了保证桶内的液体不流出，我们应该如何去做？在我国，大部分中小学生都选择通过精确的测量，利用有关圆的公式将所挖去的部分补上。而在国外，有一学生却提出了将木桶反转过来，底端朝上，问题就解决了。此外，在汶川地震发生后，记者问当地的一名小学生：如果地震再发生怎么办？小学生却选择了听教师的。对此，我们可以看出，我国教育使得学生产生了思维定式，并对教师表示出了盲从意识。不乐观地讲，他们终将成为学习的奴隶。而无限扩大教师的权威形象，易产生思维惰性，不懂得质疑、自主创新和自我矫正。由此可见，我国学生的批判性思维意识十分匮乏，主要表现在以下几点：

第一，缺乏质疑、提出问题的能力；

第二，缺乏自信、勇气和创新意识；

第三，视野不开阔，不能深入探究问题；

第四，缺乏自我反省、自我矫正的精神。

（二）高中学生批判性思维能力培养缺失的原因

具有质疑精神，能够独立思考，并在不断地自我探究中自我矫

正、不断创新，是现代社会所必备的素质。而我国高中学生之所以缺乏批判性思维，其原因有以下三个方面：家庭教育、学校教育和社会文化。

1. 家庭教育

从心理学角度来看，家庭教育启蒙的关键期是0~9岁，该时期是柯尔伯格的道德发展的避免服从取向期。此时期的个体对正误的判断源于行为所带来的后果，却不会去考虑行为本身的正误。而我国家长式教育的法则别无其他，只有“听话”。当孩子的行为与家长的意见相一致时，会得到家长的鼓励和精神、物质上的奖励；相反，就会受到精神或肉体上的惩罚。久而久之，在孩子的思想中，“听话”就是必须执行的指令，父母的话使他们深信不疑。此时，在孩子心中的批判性思维的幼芽就被父母的“听话”教育摧毁了，并强行在他们的内心种上了“顺从”的种子。

2. 学校教育

我国传统的教学模式是“重知识、轻思考，重接受、轻理解”。在教学中，教师占据主体地位，学生为客体；教师的主要任务是以最快的方式将所授知识教授给学生，不会去观察学生的状态与精神发展，一味地进行“填鸭式”教育。对于学生，不管你是理解还是死记硬背，只要把所学知识记到大脑中就可以了。如果有学生对教师所授知识产生质疑，那么就会被认为是对权威的挑战，必会遭受到不同程度的打压。同时，传统教育检验学校和教师的唯一标准就是学生的学业成绩，考试也仅仅只看学生的答题规范性和最终分数。而教师为了获得更多的荣誉和奖励，往往采用题海战术，机械化地训练学生，使学生在遇见问题时往往程式化、固定化思考，缺乏变

通。在这样的形势下，顺从式的人格特征首先发展，质疑精神被摧毁，同时批判性思维的基础也被摧毁，更不要提自主探究和自我矫正精神了，剩下的只是对知识片面的理解、公式化的应用，并不能达到学习的目的。

新课程改革的开始让教育学者意识到，应开展批判性思维的教学活动。但由于我国专家、学者对批判性思维研究的滞后，即使有意识地培养学生的批判性思维，也是借鉴国外的成功经验，或者直接借用国外的教学资料，而这与我国国情不符，以至于达不到所期望的效果。在我国高中阶段，开展批判性思维的有关课程，不说目前我国高中学校教学设备达不到要求，也无疑会加重学生的学业负担。同时，教师也处于迷茫状态，没有经受过任何针对培养学生的批判性思维的培训，只能靠自己的教学经验去摸索。种种原因，致使在我国开展培养学生的批判性思维活动陷入了困境，长期以来，也没有有效的手段去解决此问题。

3. 社会文化

影响了我国几千年的儒家传统思想，使得国人形成了谨慎、保守的性格特征，造就了国人的从众文化。从众文化是少数个体在群体的众力下使行为、思想和观点发生变化的文化。而“人随大群不挨罚”“羊随大群不挨打”“枪打出头鸟”这些流传下来的经典俗语正是人们从众思想的体现。从众文化通常表现为表面的顺从和内心的接受。在这样的文化熏陶下，学生评判一个个体的好坏，并不是看其本质，而是依据或顺从他人的观点。这犹如一道道无形的枷锁，束缚了学生批判性思维的形成和发展。

总之，批判性思维的塑造是知识信息时代的需要，要改变这种

情况，就必须对现有的教学模式进行改革，建立批判性的教学模式。之所以从高中阶段入手，是因为高中学生虽然思维成熟度不高，易受到影响，但是可塑性也较强，能够通过教学培养，迅速建立起批判性思维模式。同时，培养学生的批判性思维不是一蹴而就的，而是一个长期的教学过程，需要一线教师不断地学习和探讨。

三、培养高中学生数学批判性思维的具体教学策略

(一)教师教学方面

1. 为学生寻求数学理解创造机会，打牢数学批判性思维习惯养成的基础

(1)采用讨论式教学法

针对问题：当学生遇到一个自己不理解的数学问题时，不能够有效地寻找到清晰的切入口，找出问题内部的联系或矛盾，从而准确地解决问题。

这种问题属于高中学生在寻求理解维度时存在的问题。寻求理解是高中学生数学批判性思维习惯形成的基础。如果理解问题这一步都做不到，那么如何能够批判呢？所以，作为高中数学教师，应该在课堂上开展讨论式教学，即数学教师先引出一个课题或一个问题，而不直接进行求解，然后让学生相互讨论，交换各自的“见解”，让“见解”得到共享，同时也让没有“见解”的学生了解别人的“见解”。当然，有的见解是对的，有的见解是错的。这样，在讨论的过程中，就能一步一步地发现问题内部的联系和矛盾之处。

在下面这个案例中，教师就采用了讨论式教学法，收到的效果非常好。教学片段呈现及简析如下所示。

例如,在数系扩充这一节内容的学习中,会遇到很多这样的问题。

教师:方程 $x^2=-1$ 有没有根?

这时,教师没有一口气直接说出答案,而是让学生去思考和讨论。

大部分学生都说:“没有根,因为任意一个数的平方都不会是负数。”

少部分学生反驳道:“应该有根,我们可以把-1 换作 i^2,那么 $x=\pm i^2$。”

只有一个学生说道:“我觉得甲同学和乙同学说得好像都没错,但我想,数学题的最终答案不是唯一的吗?老师你也这样说过啊!难道是题错了!”

学生继续展开激烈的讨论,各自心中都有自己的答案和理由。

这个时候,教师才像揭示谜底一样,引出论域的思想,解释这个方程有没有根的原因,即讨论这个方程有没有根,首先要看把这个方程放在什么数域内。如果把方程 $x^2=-1$ 放在实数域内考虑,我们知道任何一个实数的平方都不可能为负数,所以该方程没有实数根。但如果将方程 $x^2=-1$ 放在复数域内考虑,我们知道由于 $i^2=-1$,所以原方程可以化为 $x^2=i^2$,则 $x=\pm i$,说明该方程在复数域内是有根的。

在这个教学片段中,教师采用了讨论式教学法,首先给出一个有关论域的题目,但不直接给出答案,然后让学生通过讨论,各自发表自己的看法。一方面,调动学生学习数学的积极性,另一方面

也让学生在讨论的过程中,学会寻找问题的切入口,了解问题内部的联系和矛盾,从而有效地解决问题。

(2)采用试误教学法

针对问题：当数学教师在课上讲错了某个知识点或某个题目时,大部分学生不能够及时察觉到教师的错误之处,并给予指正。

这种问题属于高中学生在寻找理解维度时存在的问题。要使学生能够及时察觉到教师的错误之处,并给予指正,教师可以采用试误教学法。在教学过程中,教师通过给出错误的公式、定理与解题思路,让学生自主地发现其问题所在。在学生发现错误、纠正错误的过程中,养成批判性的思维习惯。

在下面这个教学片段中,教师就采用了试误教学法。教学片段呈现及简析如下所示。

教师给出一个例题:求函数 $y=\log_{\frac{1}{3}}(x^2-3x)$的单调区间。

教师先不讲解,而是在黑板上写出该题的解题步骤:

设 $t=x^2-3x$,因为函数 t 的对称轴为直线 $x=\dfrac{3}{2}$,所以 t 在$(-\infty,\dfrac{3}{2})$上单调递减,在$(3/2,+\infty)$上单调递增。所以,函数 $y=\log_{\frac{1}{3}}(x^2-3x)$的单调递增区间为$(-\infty,\dfrac{3}{2})$,单调递减区间为$(\dfrac{3}{2},+\infty)$。

教师提问:“同学们,你们觉得这个题应不应该这么求解?大家可以进行分组讨论。”

此时,班上的学生开始热烈地探讨。有的学生认为解题步骤是对的,而有的学生持相反的观点。两分钟后,教师让学生举手发表

看法。

甲同学说:“$t=x^2-3x$ 是一个二次函数,有增区间和减区间,再根据复合函数的性质,就可求出原函数的增减区间,所以是对的。”

乙同学说:“根据复合函数的性质,即增减复合得减,增增复合得增,减减复合得增,所以这样解答应该是对的。”

丙同学说:“我认为是错的。根据对数函数的定义域性质,x^2-3x 应该大于零,从而得 $x<0$ 或 $x>3$。也就是说,x 应是先有范围的。”

丁同学说:“我也认为是不对的。我们应该先求解函数的定义域,再去求解函数的单调区间。”

其他学生也先后说出了自己的看法。

接着,教师讲解思路,公布最终答案:

设 $t=x^2-3x$,由 $t>0$ 得 $x<0$ 或 $x>3$,即函数的定义域为 $(-\infty,0)\cup(3,+\infty)$。

函数的对称轴为直线 $x=\frac{3}{2}$,所以 t 在 $(-\infty,0)$ 上单调递减,在 $(3,+\infty)$ 上单调递增。而函数 $y=\log_{\frac{1}{3}}t$ 为单调递减函数,根据复合函数的单调性求解方法,可以得出函数 $y=\log_{\frac{1}{3}}(x^2-3x)$ 的单调递增区间为 $(-\infty,0)$,单调递减区间为 $(3,+\infty)$。

教师小结:在研究函数的问题时,应该先考虑函数的定义域,即遵循“定义域优先”的原则。

在这个有关函数单调区间求解的教学片段中,教师首先给出了这个题目的解法。当然,该解法是一个有漏洞的解法。然后,让学生去判断解法的正误,如果有学生认为该解法是对的,需要说出理

由;如果学生认为该解法是错的,需要找出错误之处。在试误教学法的引导下,既可以让学生时刻保持思考和质疑,也可以激发学生学习数学的兴趣和自信心,从而培养学生敢于批判的思维习惯。

(3)开展寻错教学活动

针对问题:对于数学课本或数学参考资料上提出的结论,学生不习惯自己去推导证明,也很少去质疑其正确性,没有养成主动推导和理解记忆的思维倾向。

这种问题也属于高中学生在寻求理解维度时存在的问题。不少高中学生认为,高中数学非常抽象和枯燥,在数学学习过程中,把自己当作记忆的机器,每天去记公式、记定理、记解题的思路方法,并未真正地理解这个公式、定理是如何推导出来的,也不知道公式背后蕴含着怎样的深意,对于公式、定理的对与不对从不考虑,更不能举出反例。这样的学习方式当然是不对的。而有的学生是在想清楚了这些问题后才去记忆。当这些问题没有想明白的情况下,往往会发现部分学生在考试中,因为忘记公式、定理,或记错公式、定理,而无法正确求解数学题目。如果教师在教学中开展寻错教学活动,激励学生去发现书本资料上的问题和错误结论,那么一旦有学生先发现书本或资料上的问题所在,便给予适当的奖励。在这个过程中,学生自然会主动地去对已有的结论进行推导、证明。一方面,可以加强学生对重要结论的理解;另一方面,也可以培养学生批判的思维习惯。

2. 提问式教学是培养批判性思维的必要手段

这里指的是提出苏格拉底式问题,以引发学生积极地深入思考。这种教学法被称为“思维的批判术”。一方面,通过不断提问,暴

露出被提问对象思维中的错误,使被提问对象对自己的错误、偏颇有所认识;另一方面,通过提问,激发思维,促使被提问对象在抛弃错误的过程中,逐步接近正确合理的结果。

事实上,不少学生在数学学习中存在一些盲目接受和感知的问题。比如,有时学生只是机械地背诵公式的形式,没有真正地理解其本质,缺乏对问题解决过程中证据合理性和使用范围的关注,缺乏深入思考,不善于对多种解题模式和方法进行选择,对结果没有自觉检验的意识等。所以,这就要求教师注意提问的两点技巧:一是启发,二是追问,即不断地对学生错误分析的前提和假设,提出问题,而不是给出现成的答案,一步步引导学生认识和纠正这些错误,补充这些薄弱环节。这种反向激发具有正向引导所没有的功能,能有效地提高学生自我反省、自我批判和自我提问的能力,使学生潜移默化地形成对知识细加工的思维方式和检查自己思维过程与结果的习惯。

提问的内容主要包括数学语言表述是否正确、要解释的观点是否正确、进行证明或运算的证据与理由是否充分和恰当、问题解决的结果是否合乎逻辑和实际情境等。

3. 研究性学习活动是培养学生批判性思维的重要环节

开展数学研究性学习活动,应注意从以下两个方面来培养学生的批判性思维。首先,在查找资料时,教师应指导学生对其进行批判性分析,形成自己的判断和观点,鼓励学生标新立异,大胆提出问题,不人云亦云。比如,有一则广告声称“经调查,有80%的人使用本公司的产品”。对80%这样的数据,教师应引导学生用统计的观点去分析,考查样本的容量、样本的选取方法等。若公司只调

查了 10 个人，其中 8 人使用该产品，就声称“有 80%的人使用本公司的产品”，这样的数据显然没有什么意义，因此需要对这个数据的真实性和可靠性提出质疑。从上述例子可以看出，在研究性学习过程中，可以有意地培养学生在开放环境中收集、分析和判断信息的能力。

其次，利用研究性学习，提供给学生合作的机会，引导学生进行适当的讨论、辩论，活跃思维，激励批判性思维的发展。具体来讲，就是让学生在数学问题解决过程中，站在批判的立场上，来思考自己和同学的观点，并检查自己和对方在思维中的缺陷与不足，进而互相提问、反驳，在心理上起到互相激励的作用。学生在一起学习、实践，相互之间进行有意义的对话与合作，挑战彼此的观点等，能够培养他们的批判性倾向能力、表达能力、反驳能力、自信心和思维速度，促进多向思维发展。

4. 引导学生进行反思性数学学习是进行批判性思维培养的重要内容

荷兰著名数学教育家弗赖登塔尔指出，反思是数学思维活动的核心和动力，它的基本特征之一是思维的批判性。这是因为反思性学习是个体进行微观“检查—反馈—调控”的过程。它将个体引入深层次的思维活动中，以批判的态度，缜密地分析和检查自己认识上的错误，并及时修整或改进，从而更深刻地认识数学问题的本质和规律。因此，教学必须留给学生反思的时间和空间，引导学生反思，促进学生从新的角度，多层次、多侧面地对问题及解决问题的思维过程进行全面的考查、分析与思考。具体地讲，反思性数学学习包括学生发挥元认知作用时对问题的理解和引申进行反思，

对活动所涉及的数学知识进行反思，对自己的思维过程是否严谨进行反思，对解题方法是否优化进行反思，对解题结果是否合理进行反思等。

心理学研究表明，反思通过自我对话的形式，控制和调节着主体的思维方向。同时，反思又伴随着质疑和批判的精神。因此，学生在学习过程中，通过反思—问题—探究—发现—发展，可以提高学生学习活动的自主性。著名数学教育家波利亚指出，数学问题的解决仅仅只是一半，更重要的是解题之后的回顾。所谓回顾，是指我们现在所说的反思。通过反思，可以提高数学意识，优化思维品质；通过反思，可以沟通新、旧知识的联系，促进知识的同化和迁移，提高学习效率；通过反思，可以拓宽思路，优化解题方法，完善思维过程；通过反思，可以深化对知识的理解，并探究新的发现。反思有利于调动学生的学习积极性和主动性，促进学生的学习活动成为一种有目标、有策略的主动行为，不断地发现问题、提出问题、解决问题。同时，反思性学习的发散性和探究性有利于培养学生的批判性思维，而且思维主体具备良好的批判性思维，也有利于反思性数学学习的开展。

(二)学生方面

学生是整个课堂教学的主体。在课堂与课外的自主学习过程中，学生有大量的时间来培养自己在数学学习中的批判性思维。

1. 学习基础知识时多思考

数学基础知识是学习数学的根本。学生对于数学基础知识的掌握程度在很大程度上影响其做题能力。所以，在学习基础知识时，不能浮躁自满，一定要进行更深层次的思考，知根知底，多问为

什么，敢于质疑这些基础知识的正确性。只有自己真正地觉得基础知识是真理，它才能变成自己的知识，并对以后知识的系统化有很大的帮助。此外，学生学习基础知识，在很大程度上，可以提高自己的批判性思维意识。

2. 多动脑筋，多“钻牛角尖”

数学是一门注重思维的学科，不容学生马虎。学生在学习新知识的过程中，思维难免会进入误区，或者会身陷矛盾而无法自拔。一旦拨开云雾，思维便会豁然开朗。这就是思维障碍，通俗地说，就是“钻牛角尖”。因此，学生应正确看待自己的“钻牛角尖”：第一，说明自己真正思考了；第二，说明自己某块知识没掌握。所以，要求学生自我反省、自我检测、查漏补缺，更深层次地思考问题，直到把心中的疑惑解决掉。这个过程虽然比较烦琐痛苦，但是多钻几次这样的“牛角尖”，自己的有意识的批判性思维会得到很大的提升。这种方法对批判性思维的培养较有效果。

3. 大胆质疑，合理解决

心理学研究表明，高中学生的自主性很强。因此，学生在学习过程中，对于某些数学理论、某些解题方法，总会去质疑。但大多数学生由于时间或者其他关系，会放弃合理解决自己的质疑。所以，学到的知识总是残缺的，不能真正地掌握。同时，在运用的过程中，再次出现相同疑惑的时候，就会产生懒惰心理，结果就会出现不确定的现象，对自己做的题的正确性也就不自信。

4. 对同一道题多反省，在学习中多提问

“题海”说明了题很多，但在高中有限的三年里，除了数学学科外，还有其他的学科要学习。因此，学生学习数学的时间并不多。为

了应付考试,教师布置大量的习题,让学生反复地练习,以达到记忆的目的。而学生家长也会请家教,买大量习题让学生做。如此,学生对于数学的学习，就潜意识地认为只要大量做题，见的类型多了,自然就会了,考试碰到原题更好。虽然大量做题后,会将题型归类,遇到同一类题时也会条件反射般地解答,但这种“题海战术”不仅不受学生欢迎,而且还阻碍了学生思维的培养,学生对数学的学习兴趣也会大减,数学的价值和意义也会减小。因此,学生在解完一道题后,一定要反省,总结经验,分析题的本质,整理题型的考核涉及了哪些知识,在原题的基础上可能会出现怎样的变形,牵扯到怎样的知识,等等。经过对一道题仔细的反思,相信比多做几道题更有效果。所以,在知识的学习过程中,一定要学会提问,提问的过程正是对批判性思维的训练过程。批判性思维并不是在浪费时间,而是在帮助学生提高学习效率。

(三)建立科学的评价方法

在传统的教育模式中，对教师和学生的教学学习成果的检测往往过于单一，仅仅以考查书本知识的笔试来对学生一段时期内的学习成果进行考查评价，评判教师的标准也只是看其所教班级的平均分和优秀率。在这种评价方式下,学生为了分数而学,对所学知识往往死记硬背,考完就丢,难以达到学习的效果;教师为了分数而教,导致在教学过程中,忽视了学生的状态,只是设法在一节课中教授更多的知识,以致大多数教师“满堂灌”,难以让学生真正地理解知识的本质。很明显,这种评价方式阻碍了学生批判性思维和创新意识的发展与培养。而培养学生的批判性思维关键在于,使学生能够对所遇到的问题提出质疑，并利用行之有效的方法来

解决和改善问题。由于教学目标的改变,我们必须有与其对应的教学评价方法,来促进教育教学的发展。而合理的评价方法应具有以下三点特征。

1. 定性与定量相结合

教师不仅要在学期期中或结束时进行考试，根据学生所得分数对他们的学习状况做出定量评价，也要根据多角度、发展性原则，对学生的平时表现与状态做出定性评价。对于学生学习的评价,不能只注重结果,还要注重过程和发展;不能因为一次考试的失误或在某方面的不足，否定任何学生，而要全面地看待每个学生,肯定其有利发展的方面,克服对后进生的成见与偏见。因此,评价要公正、真实、可信,能够客观地反映出一阶段内学生的学习和发展状况,以便激发学生的成就感,调动学生的积极性,增强学生的自信心。

2. 学生为主,教师为辅

在评价中,要以学生为主体,以教师为主导,利用学生自评、小组互评、师生共评等手段,让学生参与评价的每一个环节,让学生在评价中占据主体地位,在评价中感受到尊重和民主。

3. 教学过程中体现评价

对学生学习的评价,应贯穿于整个教学过程。评价是对学生课业的综合性评价，评价结果应结合学生在课堂学习中的发言、疑问、自主学习等表现,也应注重学生发现和解决问题的能力、实际操作能力、思考能力。只有这样,才能不断提高学生的综合素质,并在一定程度上加强教师对学生能力培养的关注。

总之,为了培养学生养成以事实为依据,利用科学的态度和批

判性的眼光来看待问题，思考问题，产生新的观点，并在不断探究中找到解决问题的方法这一习惯，现有的考试制度必须要进行相应的改革。同时，旧的考试制度已经不能适应现代化的发展需求。所以，一方面，我们要不断地补充和完善现有的考试内容与形式；另一方面，不能盲从分数，因为智力所包含的内容远不止于考试的范畴，不是考试所能测量的，还要注意学生的学习积极性，以及在整个学习过程中的认知能力和接受能力。

第四章　发展抽象思维的学习方法

第一节 抽象思维研究概述

一、相关概念界定

(一)数学抽象的内涵

"抽象"一词源于拉丁语"abstracio",为排除、抽取之义。徐利治先生在《徐利治谈数学方法论》一书中,从两个方面给出了抽象的含义:一是就抽象过程而言,是指从许多事物中舍弃个别的非本质属性,抽出共同的本质属性;二是就抽象概念本身来说,是指那种偏离具体经验较远,因而不太容易理解的对象。钱佩玲也分别从抽象的动词意义和形容词意义上给出了类似的解释。

显然,数学抽象中的"抽象"是取两种含义中的抽象过程的含义,即抽象的动词意义。此外,抽象和概括往往密不可分。抽象是概括的基础,没有抽象就不可能认识到事物的本质属性,就无从概括,而概括是抽象过程中必不可少的环节。数学研究的对象都是数学抽象的产物,但数学抽象的内涵是什么,在这一点上并没有统一的定义,为此不同学者各自给出了许多不同看法。

史宁中在《数学思想概论》中写到,数学在本质上是研究抽象了的东西,即脱离了具体内容的形式和关系。在《数学基本思想18讲》一书中提到,对于数学,抽象主要包括两方面的内容——数量与数量关系、图形与图形关系,而且抽象是形成概念的必要手段,并指出数学的抽象不仅仅要抽象出数学所要研究的对象,还要抽象出这些研究对象之间的关系。与研究对象的存在性相比,研究对

象之间的关系更为本质。

钱佩玲在《数学思想方法与中学数学》中写到，数学抽象是一种特殊的抽象，具体表现在它的抽象的内容、程度和方法上。其中，内容上的特殊性表现为数学抽象仅抽取事物或现象的量的关系和空间形式而舍弃其他一切。

当前情况下，对于数学抽象的讨论已近成熟。现有意见将数学抽象定义为舍去事物的一切物理属性，得到数学研究对象的过程，主要包括三点：第一，从数量与数量关系、图形与图形关系中抽象出数学概念及概念之间的关系；第二，从事物的具体背景中抽象出一般规律和结构，用数学语言予以表征；第三，虽然上述对数学抽象的内涵说法不尽相同，但是不难看出有相似之处，即数学抽象都是舍去事物的非本质属性，得到事物在数与形方面的本质特征，且抽象得到数学概念并不是数学抽象的最终目的，更重要的是研究抽象得出的概念之间的关系。

（二）数学抽象思维的概念界定

数学抽象思维是一种数学思维，以数学对象或数学内容为基础，抽取同类事物的共同的、本质的属性或特征，形成新的事物的思维过程。这种新的事物可能是一种概念，也可能是一种方法。数学抽象思维的基本方法类似于自然科学的思维方法，如“观察、实验、类比、归纳”，也类似于社会科学的思维方法，如“反驳、猜测、想象、直觉”等。数学抽象思维与数学的逻辑思维有紧密联系，逻辑混乱是无法抽象思维的，但数学的抽象思维又不同于逻辑思维。数学与逻辑学的结合，特别是与形式逻辑的结合，产生了演绎科学。从最基本的公理体系出发，按照逻辑推理、演绎证明逐步建立起数学

大厦,如欧几里得几何学体现了严密的逻辑思维过程。由哥尼斯堡的七桥问题产生的数学“一笔画”问题,由许许多多的个例观察得到的猜想,如哥德巴赫猜想,都是抽象思维的成功典范。

二、数学抽象思维的分类

数学抽象的方法是特殊的，具体表现为数学抽象是一种借助定义和推理进行的逻辑建构活动。数学中除了一些基本概念是从现实世界通过一般抽象得来的以外，大部分概念是通过定义的方式逻辑地建构起来的。对于数学抽象的方法，根据划分的依据不同,不同学者给出了不同的分类。

徐利治在其著作《数学与思维》中,将数学抽象划分为四种,分别是弱抽象、强抽象、构象化抽象和公理化抽象,后两种抽象具有完全理想化的色彩。任樟辉将数学思维抽象分为弱抽象、强抽象、等置抽象、构象化抽象、公理化抽象和模式化抽象。钱佩玲在《数学思想方法与中学数学》中,将数学抽象分成性质抽象、关系抽象、等置抽象、无限抽象以及弱抽象和强抽象几种。

尽管划分出的结果多种多样，但是上述划分都不约而同地提到了弱抽象和强抽象。其中,弱抽象的关键是从数学对象的众多属性中分辨出本质属性,从貌似不同的数学对象中找出共同的东西。弱抽象与“抽象”的动词含义较为接近,使得抽象得到的数学对象的外延更广而内涵更窄。比如,数学史上著名的“哥尼斯堡七桥问题”的解决就是典型的弱抽象。数学家欧拉把桥连接的两端岛和河岸抽象成只有位置而没有大小的“点”,把桥抽象成连接点与点的“线”，就此把能否不重复地走遍七座桥的问题转化为能否一笔画出几何图形的问题。在这个抽象过程中,舍弃了桥、岛屿、河岸的具

体含义，只保留了它们的位置属性与数量关系，扩大了问题对象的外延，缩小了内涵。弱抽象可以看作是以现实事物为原型抽象得到基本数学概念，或者以已有概念为原型抽象得到更广的、以原型作为特例的数学概念的过程。例如，从一只兔子、一个杯子、一间房子中抽象出数字"1"的概念，从锐角三角函数的概念出发建构任意角三角函数的过程，都是弱抽象。

强抽象的关键是把新特征引入原有的数学结构中加以强化进行抽象建构，经过强抽象得到的数学对象的外延更窄而内涵更丰富具体。这里的"具体"不是感性认识的具体，而是将孤立的抽象认识联结起来形成的抽象思维的具体，在反映客观事实方面比感性的具体更深刻。因此，强抽象并不是抽象思维的倒退，而是更高层次的抽象。强抽象可以看作是对已有概念的组合，对概念进行再抽象的过程。例如，从函数出发，抽象建构导数的过程就是典型的强抽象。在这一过程中，是将瞬时变化率引入函数概念中然后进行抽象建构的。

除了弱抽象和强抽象以外，还有一类重要的抽象就是理想化抽象。理想化抽象的结果是一些不能由现实原型直接抽取得到，完全理想化的对象，如无穷大、没有粗细的直线等，或者是为了排除数学理论体系中的数学悖论，而保持整个数学体系和谐统一。

三、数学抽象思维的层次

抽象与具体是相对而言的，抽象的东西并不是绝对意义上的抽象，人对抽象的认识也不是一成不变的。在对抽象事物的认识达到一定程度之后，抽象的认识会变得相对具体。也就是说，人对抽象事物的认识程度是不断上升的。数学抽象思维的发展往往是从

弱抽象开始，到强抽象，然后再到新的弱抽象以及随后而来的新的强抽象，即数学抽象的过程不是一步登天，而是循序渐进的，具有层次性。

杜宾斯基提出的 APOS 理论是为数不多的依据数学学科的特点建立的教学理论。APOS 理论是针对数学概念，尤其是抽象的数学概念的比较成熟的教学理论。虽然是教学理论，但是其中划分的四个阶段实质上揭示了抽象数学概念建构的层次，反映了数学的本质。在国外，APOS 理论主要用以高等数学多个领域的教学研究，特别是抽象领域的教学。APOS 四个字母分别表示理解抽象数学概念的四个阶段：action（活动）、process（程序）、object（对象）、schema（图式）。

第一阶段："活动"阶段。"活动"是指个体通过一步一步的外显性（或记忆性）指令去变换一个客观的数学对象。

第二阶段："程序"阶段。当"活动"经过多次重复而被个体熟悉后，就可以内化为一种称为"程序"的心理操作。有了这种"程序"，个体就可以想象这个"活动"，而不需要借助外部的刺激，也可以在头脑中实施这个程序，而不需要具体操作。

第三阶段："对象"阶段。当个体能够把"程序"作为一个整体进行操作时，这一程序就变成了一种心理"对象"。

第四阶段："图式"阶段。一个数学概念的"图式"是指由相应的"活动""程序""对象"以及与某些一般原理相联系的其他"图式"所形成的一种个体头脑中的认知框架，可以用于解决与这个概念相关的问题。

对于数学抽象层次的划分众说纷纭，但是大体上可以总结为

四个阶段:从数学对象的具体事例出发,积累关于数学对象的感性经验;从具体到一般,将对数学对象的感性认识内化为其数量上或空间上的本质并抽象概括出来;主要从符号化、形式化方面入手,完善对数学对象的认识;联系已有概念,从数学知识体系的高度再认识数学对象的本质。

四、数学抽象思维的表现形式及要求

(一)数学抽象思维的表现形式

数学抽象思维的表现形式有两种:第一,从原型中选取某一特征加以抽象,从而获得比原结构更广的结构。对于数学概念来说,它最基本、最广泛的"原型"就是生活经验。生活是发展数学的基础和载体,根据生活实际问题抽象出数学概念,是最基本的数学抽象过程。第二,在原有数学抽象概念的基础上引入新的条件或特征,构成新的数学关系,对该关系做出相应的定义。比如,函数的概念是类比映射的特点,在映射的基础上添加"数集与数集之间的对应关系"。

(二)数学抽象思维的要求

数学抽象首先要求高度概括。比如,说明三棱锥,我们不能只说上底面和下底面相似却不相等,这就不符合几何体的概念。我们可以先从侧面、棱、数量关系等方面进行详细的描述,总结三棱锥的特征,进而得出结论,用度量化的数学表征对三棱锥进行定义。

数学抽象还要求结论必须具有一般性。数学最主要的特点就是符号化。比如,映射的概念:设 A,B 是两个非空集合,如果按照某种对应法则 f,对 A 中的任意一个元素 x,在 B 中有一个且仅有一个元素 y 与 x 对应,则称 f 是集合 A 到集合 B 的映射。这些字母可

以代表整个班级成员和他们的测试成绩，也可以代表数轴上的点和实数集 **R** 的元素，还可以代表直角坐标系内的点 P 的全体构成的集合和有序实数对(x,y)的全体构成的集合等。这就是数学抽象的一般性,可以表示更具有一般性的数量关系,并对其进行相关的描述和分析,使数学科学成为一个有序多级的体系。

五、开展数学抽象思维教学的影响因素

（一）影响学生抽象思维能力提高的教师方面的因素

理论上，大多数数学教师都能认识到培养数学抽象思维能力的重要性,但在实际操作中,却往往不是这样,能力的培养仅仅挂在口头上而很少在教学中去实施,或者不知道该如何实施。为什么会出现这样的现象呢？主要有以下三种原因。

1. 升学体制导致应试教育压力的影响

在我国现行的中学教育体系中,学校、教师、学生基本上以高考或升学率作为评价标准。成绩关系到学校、教师、学生的利益和未来,以考试为中心,以升学为目的,考什么就教什么,致使多数教师围绕着高考转,只愿意把较多的时间花在把握重点、考点或研究考题(包括所谓的“母题”)上,甚至直接训练学生如何快速准确按模式化或形式化的各类考题进行解答。不少教师普遍认为,学生的年龄偏小，不要急于一时培养其除解题能力或应试能力之外的能力,而是觉得题目做多了,自然就能有抽象思维能力了。同时,他们还认为,抽象思维能力的培养需要较长的时间才能完成,短期是不会见到什么效果的。现在的考试依然大多是对学生基本技能和运算能力的考查,很少出现独立的抽象思维的应用型题目。因此,大多数教师只把这种能力的培养挂在口头上，不愿意在教学中去实

施，只教给学生现成的数学概念、结论以及对应的解题方法。如此，教学的整个过程自然而然地逐步形成了从“概念到公式再到总结解题模式”的过程，高中学生学数学的过程也一样慢慢地形成了“记公式、记方法、做习题”这种呆板的“三步走”。

2. 教学观念落后，还未跟上课程标准的步伐

多数教师长期教授大纲教材，对新的课程标准理念还未真正参透，习惯于传统的教学模式，教案是过去的，习题是购买的，而且实施“满堂灌”“一言堂”。同时，认为学生只要能够大量解题，整日沉溺于题海之中，就能达到教学目的。有些教师认为，培养抽象思维能力就是让学生多解应用题。这些认识反映了有些教师认识上的错误和观念上的落后。抽象思维能力的形成需要教师的引导与有意识的长期培养。课程标准的基本理念之一“注重提高学生的数学思维能力”明确了抽象思维能力是数学思维能力的一种具体体现，这种思维能力在形成理性思维中有着独特的作用。因此，教师的观念落后或认识不到位，都能影响培养学生抽象思维能力的落实与实施。

3. 教师自身业务能力的影响

有些教师对抽象思维能力的培养有比较好的认识，但苦于自身业务能力不足，心有余而力不足。这就造成部分教师对数学教材研究不深入、把握不够，对授课内容理解不透彻。特别是在教学能力较为薄弱的学校，加上没有较好的教学研究氛围等特殊情况，抽象概括能力的培养贫乏的现象越来越严重。教师本身的业务素质较低，凭书教书还行，但组织教材、收集相关资料的能力不够，都是造成教师无法引导学生抽象思维能力训练的一个重要原因。

数学中的概念、关系、定理等都是抽象的结果，教师要努力研究教材，结合各年龄段人的认知特点进行教学。例如，人类经过长期实践，才逐渐认识到三只羊、三条鱼、三个孩子、三棵树的共同特性是“三”，于是人们便从各种不同的具体事物中抽象出量的共同特征，即舍弃事物的具体内容而得到抽象的数。教材中数学内容的抽象性往往掩盖了它们与具体内容间的关系。比如，学生刚刚接触函数的概念时，不仅名词生疏，形式抽象，而且还与具体内容格格不入。这是因为呈现给学生的只是知识的最终形态，而掩盖了它丰富的背景材料。甚至一些抽象的数学思想、数学方法也往往以十分现实、具体的事实为背景。对应，是一个抽象的数学概念，也是一种重要的数学思想。其实，它早就孕育于原始人分配、狩猎或者数数的具体活动中。这就需要教师具有研究教材、从生活中提炼发现数学问题的能力，而相当一部分教师的这些能力有待进一步提高。

（二）影响学生抽象思维能力提高的学生方面的因素

有人说，中国学生从小学开始，都是教师“扶上来”的。这句话虽然有些偏激，但确实不无道理。学生从开始上学到高中毕业不知道要解答多少数学习题，简直成为解题的机器。但是，能力如何呢？据说张奠宙曾经将西方的一道著名的测试题即“一条船上有 70 头奶牛，30 只绵羊，问：船长几岁？”在中国的一个低年级的班级做了测验，总共 45 名学生当中只有 5 名说这个题不能做，多数学生回答是 40，其次是 100，再次是 50。为什么会有这些荒诞的结果呢？由于中国学生长期接受“正面”教育，学生总认为教师布置的题目肯定是有答案的，“拿来便做”已成为习惯，结果得出这些荒诞结论。

有些学生不愿意深入思考，没有抽象思维方面的习惯。自觉主

动性不够或学习习惯不好都是抽象思维能力提高的主要障碍。克服这种障碍，一要靠教师的积极引导，二要靠学生自身的主动配合与积极努力。教师的引导只是外部的因素，关键还是要靠学生的内因来决定。高中阶段的学生受到抽象思维的局限性，往往觉得数学很抽象、难理解。所以，就需要数学教师借助具体的素材，从具体实例出发，分析讲解相对抽象的内容。

学生认知基础不稳固、学习毅力不足等，都会影响其抽象概括能力的形成和发展。学生的数学抽象能力的形成涉及多方面的因素，如家庭和学校教育问题、学生自身存在的问题、学生的年龄特征等问题。家庭与学校都应给学生创造良好的学习环境，使学生在关系融洽、积极向上的氛围中成长；学生自身应努力上进，积极思考，善于钻研；教师应关心爱护学生，指导教学科学、及时。如果各方配合协调，形成一个优化的系统，那么不但有利于学生有效地学习数学，提高思维的品质，而且还能降低其对数学的畏惧感。

第二节　高中学生数学抽象思维的评价工具设计

一、数学抽象思维评价的理论依据

要对高中学生数学抽象思维进行评价，首要任务就是设计高中学生数学抽象思维的评价工具。对于高中学生数学抽象思维评价工具的设计，可以借鉴已有的对数学思维的评估项目 PISA，以及现有的对数学抽象的层次划分。

（一）PISA 评价方法

国际上较早对思维进行解释和测量的是 1997 年国际经济合作与发展组织，简称 DECD。由 DECD 组织的"学生知识技能的测量：PISA2000 阅读、数学和科学思维的评价"是一项针对在校学生的技能和知识状况的国际性评估计划。其中，数学思维评价的三个维度是过程、内容和背景。第一，过程的核心是学生通过提出、形成和解决数学问题而进行分析、推理和交流的能力；第二，内容的评价焦点是数学核心思想，包括变化和增长率、空间与图形、不确定性和独立关系等；第三，至于背景，数学思维的重要特征之一就是能在各种情境中运用和应用数学。

根据 PISA 对数学思维评价所采用的前两个维度，可以从中得到一些与本研究相关的启发。

第一，对学生的数学抽象思维进行评价，可以通过分析学生形成数学抽象思维的过程来实现。高中学生的数学思维体现在对数学问题进行分析、推理和交流的能力上。学生形成抽象思维是一个

发展的过程，拥有不同的阶段且在不同的阶段拥有不同的表现。人们通过判断学生对数学问题的分析、推理和交流能力可以获知学生数学抽象思维的发展过程，进而判断学生所处的阶段水平，对学生作出正确的评价。

第二，数学抽象思维作为一种思维存在，不容易直接对其进行评测，可以以数学内容为载体。数学内容包括概念、空间与图形等。以数学概念来说，我国著名数学家华罗庚说过："数学的学习过程就是不断建立各种数学概念的过程。"可见，人们对学生的数学思维进行评价，能够通过分析学生对数学概念的掌握程度来完成。因为数学概念不仅具有高度的抽象性，还隐藏了事物的数量关系与空间形式，学生对数学概念的理解和操作体现了学生数学抽象思维发展的水平，可以作为评价的维度。

至于第三个维度——背景，其实在普通高中数学课程标准的修改意见中，就采用不同背景对学生的数学抽象思维评价有过热烈的讨论，分别从熟悉的情境、关联的情境、综合的情境出发对学生的数学抽象思维进行评价。但是，不论在何种情境下，学生形成数学抽象思维的过程始终是一致的，而且在数学抽象思维发展的过程中，不是每个阶段都会涉及具体背景。实质上，在数学抽象的前期，即要抽象得出数学概念的阶段，就要将事物的本质从具体情境中抽象出来。然而，在数学抽象的后期，即要抽象得出研究对象的性质及对象之间的关系时，就可能已经脱离具体情境。因此，在对学生的数学抽象思维进行评价时，可以考虑在思维形成的某些阶段增加对不同背景的考查，而不是将对情境的考查贯穿在整个评价过程中。

为了能更好地评价学生的数学能力水平，PISA2000 定义了数学思维的三个层次：第一层次是复制、定义和运算，涉及的是回忆数学对象和性质、实施常规程序、应用标准算法等；第二层次是问题解决过程中的联结与整合，这一层次的问题带有一定的背景，需要联结不同领域的数学知识，综合各方面信息解决问题；第三层次是数学化、数学思维和一般化。

据此，在以高中数学的核心概念为评价载体时，可以从对概念的认识、概念的定义、概念的运算、概念的相关性质以及概念的综合应用等方面入手，对学生的数学抽象思维进行考查。

（二）数学抽象的层次划分

要建立高中学生数学抽象思维的评价工具，还要考虑的是怎么结合高中数学的学科特点与高中学生的数学思维发展特点来对数学抽象的层次进行划分，以及如何应用具体的数学内容去评价学生的数学抽象思维，使得评价工具在实际评价中具有可操作性。对于这些问题的思考，可以借鉴数学抽象已有的层次划分方法。

徐利治将数学抽象思维过程划分为四个阶段：第一阶段是研究数学现象问题，从数学认识活动开始抓住一些特殊的表象，从特殊中发现一般；第二阶段是对各种具体数学属性进行分析，去掉非本质属性，保留能表明本质属性的数量关系；第三阶段是对已经了解结构的数学事实，根据它和别的数学理论的关系确定其本质属性或特征；第四阶段是不断深化概念的内涵，以及扩张概念的外延。

史宁中将抽象划分为三个层次：一是简约阶段，把握事物的本质，把繁杂问题简单化、条理化，能够清晰地表达出来；二是符号阶

段，去掉具体的内容，利用概念、图形、符号、关系表述包括已经简约化了的事物在内的一类事物；三是普适阶段，通过假设和推理建立法则、模式或模型，并能够在一般的意义上解释具体事物。

虽然对于数学抽象的层次划分，最低层次都是从数学认识活动开始的，但是我国传统的数学概念教学大多采用“属十种差”的方式，大致可分为以下四个步骤：第一，揭示概念的本质属性，给出定义、名称和符号；第二，对概念进行分类，揭示概念的外延；第三，巩固概念，利用定义进行简单的识别活动，加深学生对概念内涵的认识；第四，应用概念解决问题，并建立所学概念与其他概念之间的联系。这么做，好处就是可以让学生更快掌握数学对象，但是却违背了数学抽象思维发展的过程。在概念抽象得到的活动过程中，会产生对概念的感性认识，但只在给定概念的本质之后通过活动加深学生对概念的认识，这时产生的认识大多数是基于概念的本质认识产生的理性认识。这种仅从形式上做逻辑分析而省略了概念抽象得到过程的教学，会导致学生所学内容越抽象，数学抽象思维反而越薄弱。

（三）APOS 评价方法

与我国传统教法形成鲜明对比的是杜宾斯基提出的 APOS 理论。APOS 理论认为，学生学习数学概念要进行心理建构。APOS 理论主要是针对数学概念，尤其是抽象的数学概念的较为成熟的教学理论。虽然是教学理论，但是其中划分的四个阶段实质上揭示了数学抽象建构过程的层次。

APOS 理论是杜宾斯基对皮亚杰的数学学习的“自反抽象”理论进行的拓展。皮亚杰认为，数学抽象活动的基本性质是一种“自

反抽象”,区别于通常所说的“经验抽象”。所谓经验抽象,是以真实事物或现象作为直接的原型,从一类事物中抽象出共同特性。而自反抽象则是涉及人类施加在物质对象上的活动，是对人类自身活动进行反思的结果。也就是说,数学抽象未必是以真实事物做原型的直接抽象，也可以是以已建构得到的数学对象为原型的间接抽象。数学抽象的本质就是一种建构活动,而杜宾斯基提出的 APOS 理论指明了这种建构的途径和方式，即无论是经验抽象还是自反抽象,都要经过操作、程序、对象、图式等阶段后,才能完成数学对象的建构。所以说,APOS 理论实际上揭示了数学抽象建构过程的层次。

以下就以高中阶段典型概念——集合为例,结合 APOS 理论建构抽象数学概念的层次进行说明。APOS 四个字母分别表示理解抽象数学概念的四个阶段:第一阶段是“活动”阶段。活动中的操作未必是具体的运算，不一定要有明确的算法，可以是任何的数学运作。例如,在有现实背景的问题中体会集合的含义,需要用具体的实例让学生思考这样的组合能不能构成集合，集合中的元素有哪些要求,能不能举出你身边构成集合的例子。通过活动操作,理解集合的意义。第二阶段是“程序”阶段。不断地重复上述操作活动,经过反思内化之后,在头脑中形成一种程序。这时,不需要外部予以刺激，就能将具体活动的操作内化为头脑中自动化的操作。例如,把上述操作活动内化成“集合”程序,是经过多次上述对集合的运作,在头脑中判断出,只要集合中的元素是确定的,与此同时不能重复出现,这时就说这些元素构成了一个集合,与元素在集合中排列的顺序无关。第三阶段是“对象”阶段。当学生意识到可以把上

述程序看作一个整体,可以对这个整体进行转换和操作时,就已经把程序当成了一个数学对象。例如,集合的交、并、补运算。在进行集合的运算时,每一个参与运算的集合都是一个独立的整体。第四阶段是"图式"阶段。学生通过对活动操作、程序、对象以及与概念相关的知识进行整合,就会产生该概念的图式。图式可以用于判断某些问题是否属于该图式范围,从而做出不同的反应。例如,当集合以一种综合的心理图式存在于人脑时,这一心理图式含有具体的集合实例、抽象的过程和应用,还有和其他概念的区别与联系。集合不仅作为一个概念存在,更是一种便于交流的数学语言、一种表达工具。

其中,"活动"阶段是学生理解概念的必要过程,通过在实际情境中对数学对象进行操作,让学生自己经历、感受直观背景和概念之间的关系;"过程"阶段是学生在重复多次的"活动"阶段之后进行思考,经历思维的内化、抽象概括的过程,在头脑中对上一阶段的活动进行描述和反思,抽象出概念的本质;"对象"阶段是在上一阶段认识到概念的本质的基础上,对其进行"压缩"并赋予形式化的定义及符号,使其精致化,成为一个思维的对象,在以后的学习中以此为对象进行新的活动。从"过程"进入"对象"为从更高的层次对概念进行研究提供了可能。"图式"的形成要经历一段时间的学习活动,不能一蹴而就。最初的图式包含反映概念的特例、抽象过程、定义、符号及性质,经过一段时间的学习,建立起与其他概念、规则之间的联系,在头脑中形成此概念综合的心理图式。图式是对概念进行更高层次的加工和心理表征。

APOS 理论虽然被广泛应用于数学概念教学,但由于理论的四

个阶段揭示了数学抽象活动建构的过程，所以可以将其作为一种评价工具。根据理论对抽象过程进行的层次分类，通过检查不同层次学生解决问题的状况去考查学生在该层次是否做出了心理建构，从而对学生的数学抽象水平进行评价。

二、数学抽象思维评价的具体方法

借鉴 PISA 评价方法，要评价学生的数学抽象思维，可以通过考查学生对数学概念的理解与操作，以数学概念作为知识载体，对学生形成数学抽象思维的过程进行评价，注意在思维形成的某些阶段穿插对概念不同背景的考查。

综合以上对数学抽象过程的划分，可以考虑将高中学生形成数学抽象思维的过程划分成四个阶段：第一阶段，从具体活动中积累关于数学对象的感性经验；第二阶段，抽象概括得出数学对象的本质；第三阶段，从符号化、形式化方面完善对数学对象的认识，可以将数学对象内化为整体对象进行新的活动；第四阶段，数学对象同化或顺应到知识网络，在与其他知识产生联系的过程中形成对其本质更清晰准确的认识。

基于 APOS 理论对高中学生数学抽象思维的形成过程进行层次划分，可以划分为与 APOS 理论四阶段对应的四个水平：水平 1，操作阶段；水平 2，本质阶段；水平 3，对象阶段；水平 4，综合阶段。

综合徐利治、史宁中的相关研究，对这四个水平介绍如下：水平 1，操作阶段，即能对不同情境中的数学对象进行操作；水平 2，本质阶段，即能从数学对象的众多属性当中，抽象概括得出与其他对象区别开的本质属性，此时的数学对象已经脱离实际背景；水平 3，对象阶段，即理解掌握数学概念的不同表征形式，掌握数学概念

的性质、应用,将认识到的数学概念本身抽象成一个活动对象进行新的操作;水平 4,综合阶段,即明确数学概念与其他数学概念间的区别与联系,形成与数学概念相关的知识结构。

至于对数学抽象过程每个阶段的考查,水平 1 可以考查学生对处于不同背景中概念的具体操作,以此判断学生对概念的感性认识的积累;水平 2 主要从多方面考查学生对于概念本质的理解;水平 3 通过考查学生对概念的形式化运算、性质的应用,来判断学生对概念认识的完善程度;水平 4 考查学生是否能联系其他知识解决与概念相关的综合问题,据此判断学生在建构概念相关的知识网络的过程中对概念本质的再认识情况。

在划分的四个水平中,涉及三次数学抽象过程:第一次数学抽象过程是从水平 1 到水平 2,即从操作阶段到本质阶段。在这一过程中,通过对不同情境中的数学对象进行操作获得对概念的感性认识,在多次操作活动之后进行思考,舍弃包括情境在内的非本质属性,从具体到一般,抽象概括出数学对象的本质,获得概念的理性认识。这是从具体到抽象的过程,是从感性认识上升到理性认识的过程。第二次抽象过程是在水平 3,即对象阶段。在这一阶段,不仅要完善概念的定义、性质和应用,更重要的是将概念本身对象化,把数学概念抽象地看成一个整体,能以其作为对象进行操作、运算。这是从理性认识到理性具体的过程。第三次数学抽象过程是水平 4,即综合阶段。在这一阶段,要建立起抽象出来的数学概念与已知数学概念之间的联系,对新的概念进行同化或顺应,形成此概念的知识网络,能解决与此概念相关的综合问题。与此同时,在与其他知识建立联系的过程中,通过联系、对比,对概念的本质产生

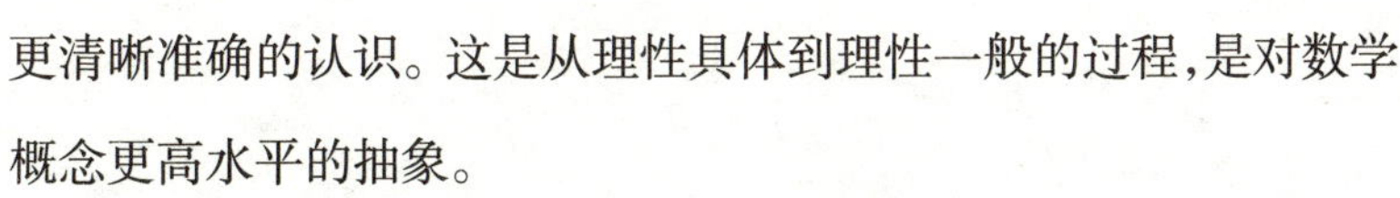

更清晰准确的认识。这是从理性具体到理性一般的过程，是对数学概念更高水平的抽象。

本部分评价工具的四个水平是本着数学教学应遵循具体—抽象—具体的基本规律，按照数学概念的抽象建构过程进行划分的。水平 1 对应的是第一个“具体”，学生在操作阶段，结合概念的直观背景，获得对概念的感性认识、感性经验。在这一阶段获得的感性材料越典型、越丰富，学生越容易成功地抽象概括出概念的本质。水平 2 对应的是“抽象”，经过上一阶段感性经验的积累，再经过思考，舍弃概念的非本质属性，抽象概括出概念的本质。水平 3 与水平 4 则是对应第二个“具体”，这里的具体指的是将抽象得出的概念应用到具体情境、具体解题当中。其中，水平 3 是针对概念本身性质方面的应用，水平 4 是概念与已有知识联系起来的综合应用。

第三节　提升高中学生数学抽象思维的策略与建议

现阶段情况下，高中学生数学抽象思维水平不高并且存在以下问题:第一,高中学生在数学学习中的逻辑思维能力不强;第二,高中学生缺乏总结归纳的习惯;第三,高中学生在生活中对数学的应用意识弱;第四,高中学生阅读理解能力存在欠缺;第五,高中学生缺乏自信心，自我效能感差。根据高中数学抽象思维存在的问题,提出提升高中学生数学抽象思维的策略与建议。

一、提升高中学生数学抽象思维的策略

(一)引导学生主动思考,锻炼学生抽象思维

要想提升高中学生数学抽象思维，首先就要解决高中学生当下数学抽象思维存在的问题。高中学生在数学学习中逻辑思维与抽象思维能力不强。要提升高中学生的数学抽象思维能力,教师就要引导学生主动思考,锻炼学生的抽象思维。而锻炼学生的抽象思维,首先要让教师和学生一起“动”起来。“动”就要从以下三个方面着手:教师讲解知识要生动、学生思维要转动、在实际问题中运用要灵动。其中,“知识要生动”是指在数学教学中教师采用生动的语言、形象的情境来对新课程进行讲解引导,从而使抽象的数学概念更易于理解;“思维要转动” 是指高中学生在学习数学时一定要让自己的思维动起来,在教师讲解知识时不仅要接收教师的语言,还要在大脑中进行知识的深加工,从而理解新知识;“运用要灵动”是

指学生学习数学不仅要学会数学知识技能，而且还要从学习数学知识的过程中感悟数学的思想方法，并灵活运用到未来的社会生活中。高中学生在学习数学过程中如果能够做到以上三方面，学生的数学抽象思维就会有所提高。

(二)强化知识应用，提升数学建模能力

高中学生在生活中对数学知识的应用意识欠缺。在教师的教学中，探究式课堂是培养学生数学应用意识和实践能力最好的方法。学生在高中毕业以后进入大学，选择的专业或者未来从事的职业可能不需要研究数学，所以就会逐渐地将数学知识忘掉。那么，现在教育阶段学习数学是不是就没有意义了呢?《普通高中数学课程标准(2017 版)》将高中数学课程分为必修和选修，又将选修分为五类，供不同志趣的学生选择。因此，高中学生在学习数学时应具有感悟能力，在学习数学知识的过程中积累一些数学经验，从而让自己终身受益。

一般在教师教学的课堂中，大部分高中学生不会主动探究、主动思考。当然，也不会感悟一些解决问题的思维方法。所以，在教学中，教师要找适当的办法让学生参与到教学活动中，养成自己主动思考的习惯，提升自身的建模能力。下面提出三点让学生主动进行探究式学习的建议:第一，设置探究课题。在上课之前，教师按知识的难易程度准备探究题目，给学生合作探究的时间;探究后，请学生回答探究的问题。第二，设置探究课堂专属座位。高中学生正值青春期，那么一系列的青春期问题就会出现。这一时期的学生有自己的想法，不会主动配合教师的探究课堂，那么探究课堂的座位很重要。排列的座位要使学生愿意主动参与到探究课堂中。而这就需

要教师对学生进行深入了解，将有领导能力的学生和与同学相处很好的学生放在一起，带上一位活跃的学生，再加上一位内向的学生。这样的分组方式可以带动大家一起探究学习，共同进步。第三，学生当教师，给予学生足够的表现机会。教师在探究式课堂中扮演着引导者的角色，并在探究前明确规则，每组在探究过后要请一位同学来讲台讲解，然后给学生分配探究任务，让学生从发现问题出发分析问题，最终解决问题，从而达到学习新知识的目的。这正是课程标准中四个基本能力所倡导的。探究式课堂并不难实现，关键在于教师与学生的沟通，即教师是否愿意深入了解学生，是否愿意站在学生的立场去考虑问题。教师考虑的不是如何教，而是学生如何学，如何主动地学。学生一旦养成了数学探究的习惯，自然在生活中愿意去发现解决生活中的问题，从而提升建模能力，使数学知识在生活中的应用意识以及解决问题的能力增强。

(三)加强高中学生在数学方面的阅读理解与语言表达能力

数学抽象一般是在熟悉的情境、关联的情境或综合的情境中进行的，那么学生在数学方面的阅读能力的强弱影响着学生的数学抽象思维。通过数学抽象思维的现状调查与分析，发现高中学生在数学方面的阅读理解与语言表达能力存在欠缺。要提升高中学生的数学抽象思维，就要提升高中学生的阅读理解与语言表达能力。

符号语言既是数学思想的表达，也是数学与现实世界的媒介。理解符号语言对于数学的学习非常重要。在高中数学学习中，审题、理解题意是学习最基本的步骤。阅读理解能力直接影响着学生的学习效率。在对高中学生数学抽象思维的分析中，在实际的课堂

教学中，很大一部分学生审题的效率较低，在第二遍读题时才将文字语言转化为符号语言。这样低效的阅读理解能力影响着数学的学习，不仅使做题速度减慢，而且在知识的学习中不利于对知识的理解。那么，在日常的学习生活中要做到以下三点：第一，阅读逻辑思维比较强的书籍、刊物等。在阅读书籍、刊物时，阅读完一部分文字后及时总结主旨，用精练的语言表述出来。第二，训练问题中提炼解题条件的能力，在阅读一些数学的材料时用符号的语言表述出来。在提炼问题的训练中，不用刻意思考题怎么解，而是挖掘题目中的条件、问题等。第三，训练学生符号语言与文字语言互相表达。在数学学习中，将遇到的数量关系的题用文字语言描述，将生活中遇到的问题用数学的符号语言表达。这样，不仅可以锻炼学生的阅读理解能力，而且也可以养成建立现实世界与数学问题联系的习惯。数学阅读能力的提高不仅能提高学生的数学解题能力，而且抽象问题的能力也能得到提高。

语言表达对高中学生数学抽象思维的培养也有积极的推动作用。《普通高中数学课程标准(2017 版)》将数学抽象分为三个水平、四个要素来展现，其中思维与表达就是四要素之一。表达是思想输出、输入的过程，对学生抽象思维的锻炼起着重要作用。因此，在教学中，要注重学生表达能力的培养。而这就要做到以下两点：第一，加强课堂师生互动的频率。在教师提出一个问题时，学生的大脑有三方面运转，即听觉输入、思维反应输出、语言表达输出。在表达的过程中，学生不仅要在头脑中建构所要表达的提纲，而且还要思考如何表达能让听者明白，一系列大脑的反应可以锻炼学生的逻辑思维。在数学课堂中，语言表达不但可以活跃课堂气氛，而且也会

使学生知识的接受程度大大提高，便于教师接收学生对新知识掌握程度的反馈。第二,设计以学生为主要授课人的课堂。学生做教师,不仅可以锻炼讲课同学的逻辑思维与表达能力,而且还可以提升学生听课的积极性,激发其他同学的课堂兴趣。语言表达能力的提高对学生数学抽象思维的培养起着重要的作用。

(四)逐步建立学习数学的自信心

笔者在多年的实际教学中，通过对高中学生数学抽象思维的现状分析可知,部分高中学生对自己能够学好数学是不自信的。对自己的认可程度是影响学生能否成功完成一件事的重要因素。只有内心坚定,才可以完成一项工作。同时,在完成工作的过程中遇到困难挫折就不会放弃,而且这种自信心还可以激发学生的潜能,尤其在数学学习中会产生巨大的头脑风暴。这种潜能的开发对科学研究有着重要的意义。自信心源于学生自身,但也要在教师、试题等外在条件的影响下逐步建立自信心。下面对建立自信心提出两点建议:

第一，在数学练习题和月考试卷的设置中遵循由易到难的原则。学生在做完简单的数学习题或试题后，内心的自我效能感增强,并对继续做稍微难一点的题充满信心,从而对数学知识与技能的掌握也更扎实。因此,要逐步建立学生学习数学的自信心,这样在面对抽象的数学知识时学生才不会再逃避。第二,外在环境的鼓励是建立自信心的重要因素。教师和家长是学生接触最多的人,因此教师的鼓励与家长的认可是学生提升自信心的动力所在。当学生完成一件事的时候，教师鼓励学生时用非常直白的语言告诉他们“你真棒”,并将成果归功于学生;而家长在学生完成一件事之

后，鼓励学生并告诉学生“我为你完成这项工作感到骄傲”。在这种情况下，学生感受到外在的肯定，从而内心就会为完成这件事感到自豪，并且在内心肯定自己的能力。即使在完成这项任务时遇到很多困难，但这些困难都会变成学生努力的乐趣。同时，在未来的工作、生活中遇到困难时不会放弃，而把这些困难看成是成功路上的小关卡，逐步攻克，享受成功的过程。这样乐观的学习态度会对学生数学抽象思维的培养产生积极的效果。学生学习不仅仅是学会教材中的知识，更重要的是在学习知识的过程中感悟方法，明白道理，在不断地学习中建立学习数学的自信心，从而提升数学抽象思维。

（五）养成对数学知识总结和梳理的习惯

习惯是经过长期的积累养成的生活方式。养成数学知识的总结与梳理的习惯，对数学的学习具有促进作用。在数学抽象的培养中，总结与抽象相辅相成。数学抽象是将一类事物舍弃一切物理属性抽象出本质，而总结是将一类问题归纳总结出共性。在对高中学生数学抽象思维调查的分析中了解到，大部分高中学生对知识点和类型题都是偶尔总结，学生没有养成梳理、总结的习惯。在学习过程中，共性和差异性总结有助于对知识点的总体把握，知识脉络的清晰有助于知识与技能的掌握，尤其对数学概念的学习起着重要的作用。要想提升高中学生数学抽象思维，就要培养学生总结、梳理的习惯。而在数学学习中养成总结的习惯，要做到在单元学习末对知识点和类型题进行梳理、总结，理清知识脉络，寻找前后知识间的联系。通过总结、梳理，对本单元的知识结构的认识会更加清晰，对知识的掌握程度也会提升一个层次。这一习惯的养成有利

于从实际问题中抽象出数学问题，养成总结归纳的习惯，有助于培养高中学生数学抽象思维。

二、培养高中学生数学抽象思维的建议

（一）对教师发展的建议

教师作为教育的旗帜，对学生的发展起着引领性作用。同时，教师作为学生的引路人，自身要有较高的知识水平和管理能力，教师的内在思维和个人品格等方面都应该起到榜样作用。在教师的培养方面，笔者提出以下几点建议。

1. 注重收集学生在生活中应用的典型案例

教师知识水平的广度与深度对课堂教学有着很大的影响。课堂教学中，教师教学内容依据的是教材。然而，教材也具有局限性。面对一些抽象性比较高的数学问题或数学概念，教师应用生活中的实例去讲解，这样学生更容易理解和接受。比如，在人教版必修一第一章“集合”的学习中，补集的学习对学生来讲比较抽象。例如，$\complement_U A$ 表示 A 的补集，那么教师在讲解补集时不采用直接讲解符号的形式，而是引用实例去讲解，将全班同学作为全集 U，男生作为集合 A，女生作为集合 B，则$\complement_U A$ 就表示集合 A 的补集，等于集合 B。这样讲解起来，学生更易理解。在数学问题中抽象的问题很多，因此教师要注重收集生活中的实例，便于在课堂教学中学生理解抽象的数学知识。收集生活中的案例不仅能使学生容易接受抽象的知识，而且由于教师将数学知识与实际生活联系得很紧密，学生会对教师产生敬佩的心理。在这种榜样作用下，学生也会有意识地发现生活中的数学问题，从而增强学生数学知识与实际生活相联系的能力。

2. 提高教师的学习能力与创新能力

在迅速发展的时代背景下，教师要顺应时代的发展，就要不断地更新自己，丰富自己，发展自己，这样才会培养出与时俱进的人才。知识学无止境，在高中阶段教学三年一轮回，重点知识早已牢记于心，但教师要在这种熟悉教材的背景下继续更新自己，勤于思考，发现知识的新板块。同时，在生活或教学过程中积极了解当下学生感兴趣的事物，将学生感兴趣的事物与课程内容相结合，吸引学生的兴趣，从而使学生更容易接受新知识。

教师的自我创新性也尤为重要。课程标准已经对教师的教学给出了目标，然而具体实施方法还是要教师自我创新。不同的地域、不同的学校、不同的班级、不同的个体对教师的要求不同，教育者必须秉承着因材施教的原则对教学做不同的准备。在备课过程中，教师要找到适合自己学生的授课模式，在备课、教学环节充分发挥教师的创新能力，多接触新鲜事物激发新思想，用学生感兴趣的方式实施教学。只有在教学中不断地创新，不断地更新教学方法，才可以更好地培养学生。

教书育人是教师的职责，教师的发展对学生未来的成长有着榜样作用。教师拥有家国天下的情怀，在教师的榜样作用下学生也会有舍我其谁的担当。未来学生会成为有情感、有智慧、有温度、懂感恩、知回报的人。那么，对于教育发展来讲，好教师即好教育。

(二)增强数学课堂教学趣味性的建议

很多学生都认为数学是一门很枯燥的学科，不喜欢数学。为了让学生喜欢数学，首先要做的就是让学生对数学感兴趣。那么，如何将枯燥无趣的学科变得有趣，就是教师在教学中值得思考的

问题。

1. 适当增加数学故事

数学史是数学发展的印记，与人类历史一样都值得人们去了解。在抽象的数学课堂中融入数学史，可以增加学生学习的兴趣，让数学变得有趣，使抽象的数学知识充满色彩。在教学中，教师将数学故事与教学内容相结合，增加课堂的趣味性，让学生了解前人研究数学的事迹，以及数学的发展过程，激发学生学习数学的好奇心，从而主动地学习数学。在了解数学史的过程中，让学生体会数学家们探究问题时坚持不懈的毅力和百折不挠的决心，同时让学生明白成功并不是一帆风顺的，在敬佩老科学家们的同时，激励自己学习路上纵使布满荆棘也要不畏挫折，勇往直前。

2. 适当组织数学游戏等活动

相比工作、学习来说，轻松的游戏更让人感兴趣。对于正处于激情四射、热情洋溢阶段的高中学生来说，游戏比学习更让他们感兴趣。那么，将游戏与数学课程相结合，形成数学游戏活动课，或者将数学活动作为课堂教学的一个环节，不但可以提升学生学习的兴趣，而且还可以使学生对知识的记忆更加深刻。对于组织数学游戏活动提出以下建议：第一，设置数学游戏课堂，时间为两节课时长。将学生按数学成绩均匀分组，教师在学过的知识中按照由易到难设置比赛试题。比赛题型分为必答题、选答题、抢答题。教师现场出题，学生现场作答，给最先解出来并且解答结果正确的组加分，难度逐渐提高，分值逐渐增多，得分多的组获胜，获得奖励。每一个月开展一次这样的数学游戏活动课，教师可以了解学生的知识掌握程度，同时也让学生知道自身的不足，在学生胜负欲的作用下促

进学生主动学习数学。第二,设置课前热身数学游戏。函数、几何、建模是高中课程的三大主线。在学生学习函数时,与学生一起欣赏复杂、好看、奇怪的函数图象,激发学生的好奇心,逐步从这些函数图象引入所要学习的函数;而在几何的学习中,可以用几何画板等工具画图,直观地将几何图形展示给学生。通过以上方法诱发学生的求知欲,自然将学生引入课堂的学习。

兴趣是学生最好的教师,因而要使学生主动地学习数学,提升学生对数学的兴趣。

数学抽象思维教学案例

数学抽象是数学的基本思想,贯穿于数学学习的整个过程中。基于数学抽象思维的生成性,本部分将根据数学抽象思维培养的教学策略,以"函数的概念"为例,结合数学抽象在教学中的落实建立数学教学模型,通过微课的形式展示数学抽象在数学课堂上的渗透过程。

"函数的概念"教学课例与分析

【授课时间】

45 分钟。

【前期设计】

一、课题来源

人教 A 版《普通高中课程标准实验教科书,数学(必修一)》"函数的概念"。

二、课例背景

在班级内开展专项的抽象思维练习。

三、教材分析

函数是中学数学中最重要的基本概念之一。在中学教材中，函数的教学大致可以分为三个阶段，本节课是在初中函数概念的基础上对函数的再认识阶段，是对函数概念的推广和一般化过程。它的发展和形成包含着对概念的逐步抽象过程，是培养学生数学抽象思维的基本条件。同时，“函数的概念”这节课又是学生深入学习基本初等函数的基础和理论依据。所以，本节课具有承上启下的作用。

四、学情分析

认知基础：本节课之前，在初中初步探讨了函数的相关知识，学生对函数有了一定的认识，也通过丰富实例，进一步学习了集合与对应的符号语言，为重新定义函数提供了知识保证。

思维水平：依据思维发展的年龄阶段理论，高中一年级学生的思维已发展到辩证逻辑思维阶段，但他们还不能很好地结合熟悉的实例理解函数的概念，掌握数学抽象过程也存在障碍。

五、教学目标

第一，让学生理解构成函数的三要素、函数概念的本质、抽象的函数符号 $f(x)$ 的意义，会求一些简单函数的定义域。

第二，让学生通过合作探究，经历函数概念的形成过程，渗透归纳推理的数学思想。

第三，通过函数概念的学习，感悟数学知识之间的关联，认识函数概念对应的重要性，培养学生的数学抽象能力。

六、教学重难点

重点：理解函数的概念。

难点：理解函数符号 $y=f(x)$ 的含义。

七、课例（课堂实录）

（一）课件展示过程

问题：请学生回忆一下，我们在初中学习阶段是怎样定义函数的？

学生：①一个变量和另一个变量之间的对应；②像一次函数一样，给 x 一个值，就有一个唯一的 y 值和它对应。

教师：在咱们学过的知识里，函数是两个变量之间的一一对应关系，即像某位同学说的，给定像函数解析式一样的对应法则，取变量中一个确切的值，在另一个变量中就有唯一的值与它对应，这就是我们初中阶段函数概念的"变量说"。而今天我们要学的内容是对函数概念的拓展，希望大家在理解前面所学内容的基础上，学好今天的课程（教师板书课题名称）。

观察和分析：只有少部分学生能够回答出函数的概念，大多数同学含糊不清。

这和刚开学过了一个暑假学生还不能进入上课状态有关。除此之外，在初中的授课方式中，教师多数是简单提及函数是什么，指出需要注意的点，而并不做过多介绍和深入讲解，学生本身对函数的概念就不甚理解。

例题，国际上常用恩格尔系数反映一个国家人民生活质量的高低，恩格尔系数越低，生活质量越高。表 4-1 中恩格尔系数随时间（年）变化的情况表明，"八五"计划（第八个五年计划）以来，我国城镇居民的生活质量发生了显著变化。

表 4–1 “八五”计划以来我国城镇居民恩格尔系数变化情况

时间（年）	1991	1992	1993	1994	1995	1996	1997	1998	1999	2000	2001
城镇居民家庭恩格尔系数（%）	53.8	52.9	50.1	49.9	49.9	48.6	46.4	44.5	41.9	39.2	37.9

教师：我们看上面的例子，请大家阐述一下恩格尔系数和时间的关系。

学生 1：用集合 A 表示时间，用集合 B 表示恩格尔系数，集合 A 和集合 B 之间有着一一对应关系。

学生 2：每一个时间 t 都对应唯一的一个恩格尔系数。

观察和分析：学生能够按照前面的分析方法从实际案例中找到变量和对应关系，能够以初中所学的函数概念和前面学习的集合为基础，对其进行分析，抽取变量，将实际问题数学化、符号化。但只是初步感受通过集合这种抽象的数学符号来简化函数变量之间的关系，并未对此概念有过多的理解和认识。

教师：通过大家的总结，函数的概念可概括为：设 A，B 是两个非空的数集，如果按照某种确定的对应关系 f，使对于集合 A 中的任意一个数 x，在集合 B 中都有唯一确定的数 $f(x)$ 和它对应，那么就称 $f:A\rightarrow B$ 为从集合 A 到集合 B 的一个函数，记作 $y=f(x)$（板书函数的概念）。

大家要注意 x 叫作自变量，x 的取值范围 A 叫作函数的定义域，与 x 的值相对应的 y 值叫作函数值，函数值的集合 $\{f(x)|x\in A\}$

叫作函数的值域。

观察和分析:这是一个师生互动的过程,但学生基本上是依照教师的引导做出相应的反应，还有一部分学生会翻课本找相关的概念总结。不过，多数学生完全按照授课的进度跟着教师的思路来,自主思考的空间不是很大,而是依靠教师的讲解和灌输,接受冰冷的知识。

问题:大家思考,什么情况下可以认为两个函数是相等的?

学生1:定义域相同的情况。

学生2:对应关系一样。

学生3:定义域、对应关系与值域都一样。

教师:从函数的定义域可知,一个函数的构成要素为定义域、对应关系和值域,而值域是由定义域决定的,所以如果两个函数的定义域相同,对应关系一致,那么我们就称这两个函数相等。

观察和分析:学生基本上已经理解了函数的三要素是什么,但要求他们具体说出三者之间的关系,却并不能明确地说出来,而且对函数的概念理解并不深刻。

(二)展示课堂小结

课堂小结:①函数的概念;②函数的构成要素;③高中函数概念与初中函数概念的区别。

观察和分析:学生基本上可以回答前面两个知识点,而当回答两者之间的区别时,有些同学不知道如何用语言来表示,有些同学表达的意思完全偏离了该问题的意思,说不到点子上。

课后作业:根据教学内容合理布置。

必做题:①自主学习区间的概念;②课本练习题。

选做题:课本上的练习题。

(三)课堂教学回访

问题 1:你对初中函数的掌握程度如何?比如,你理解函数变量之间的关系吗?

问题 2:学完本节课的内容后,你认为高中函数的概念和初中函数的概念是同一个概念吗?它们之间的关系是什么?

问题 3:请说出本节课学习函数概念的过程中哪个知识点比较抽象?你理解吗?

(四)结果分析

1. 高中学生对初中阶段函数概念的学习基础薄弱

函数是初中学习阶段最抽象的知识点之一,无论是灵活应用数形结合,还是在文字语言、几何语言和代数语言之间进行转换,初中学生都会遇到障碍,这会影响学生学习该知识点的兴趣。近几年,数学核心素养虽然被广大教师认可并提倡,但真正将其应用到教学实践的情况却为数不多。多数学校的教学方式还是传统的教学模式,所以这部分学生从对"函数"是不是"数"到函数概念的学习,缺乏一个概念抽象的自我探究和思考,很容易对此概念含糊不清,对它的性质和相关结论也不甚理解。

2. 学生初步理解高中函数概念

首先,学生在课堂上能够找出函数的三要素,并根据上课进度基本上可以判断出在什么情况下两个函数相等。另外,由于笔者上课时并没有对函数概念的"对应说"和"变量说"做明确的界定,所以学生对两者之间的认识可能会含混不清,不能从整体上理解函数概念的意义。比如,函数为什么一定要有三要素?譬如 $y=10$ 这样

的形式可以称为函数吗？还有前面提到的高中函数和初中函数的区别与联系是什么？函数概念的三要素有什么具体的含义？……对于这些问题，学生不能准确地给出相应的答案。这表明学生只是学习了函数的另一种表示方式，并未认识到高中函数概念是对初中函数的进一步简化和一般化。

3. 没有真正经历函数概念再抽象的思考过程

从初中学习的函数到高中学习的函数，是一个函数概念再抽象的过程。学生在整个学习过程中自主探究的部分很少，没有对函数概念进一步抽象化、符号化的相关经历，容易把这两个函数看成彼此孤立的概念。首先，笔者在上课时根据书本的设置来进行授课，多数时间是学生跟着教师的思路来，从复习旧知到新课讲授，再到课堂小结与课堂练习，表面上是引导学生自主探究，归纳函数概念，实质上却是按照教师的思路和想法进行新课讲授。这种教学方式完全背离了数学抽象教学的课程标准要求，学生也并没有抓住函数概念的实质，从而导致在问及什么是函数概念时，大家要么是简单总结一下，要么是复述课本上的函数概念。另外，课堂上没有让学生感受是如何从实例中抽取出函数三要素的，这些内容多数是依靠书本和教师的讲授，尤其是没有详细分析函数三要素之间的关系和为什么是非空数集。

鉴于以上问题及分析，笔者认为上面出现的问题主要是因为在讲课过程中忽视了数学抽象的实践应用。所以，我们需要在教学实践中结合学生的认知发展规律，通过适当的活动发展其数学抽象思维能力，让学生在课堂上充分体验函数概念中变量、对应关系进一步数学化、符号化的抽象过程。

“函数的概念”再次教学(其他形式的教学)

一、教材分析

函数是中学数学中最重要的基本概念之一。在中学教材中,函数的教学大致可以分为三个阶段，本节课是在初中函数概念的基础上对函数的再认识阶段,是对函数概念的推广、再抽象的一般化过程。它的发展和形成包含着对概念的逐步抽象,是培养学生数学抽象思维的基本条件。同时,“函数的概念”这节课又是学生深入学习基本初等函数的基础和理论依据。所以,本节课具有承上启下的作用。

二、教学目标

第一,结合初中学过的函数概念以及前面的集合知识,让学生理解构成函数的三要素、函数概念的本质、抽象的函数符号$f(x)$的意义,会求一些简单函数的定义域。

第二,让学生通过合作探究,经历函数概念的形成过程,渗透数学抽象的数学核心素养,培养学生的数学抽象思维能力,能够感受数学知识的再抽象过程,结合生活实例有意识地进行数学建模,应用数学抽象解决生活实际问题。

第三,通过函数概念的学习,感悟数学知识之间的关联,认识数学知识的一般化,明确函数概念“对应说”的重要性,培养学生深入探究、自主学习、抽象概括的能力。

三、课例(课堂实录)

已知某市的出租车计价标准为起步价是前 4 公里 10 元,超过 4 公里之后的路程是每公里 2 元，李军要乘坐出租车，行程为 3.7 公里。

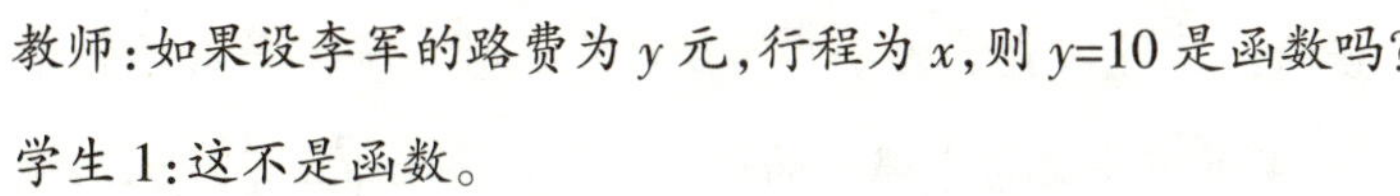

教师：如果设李军的路费为 y 元，行程为 x，则 $y=10$ 是函数吗？

学生 1：这不是函数。

学生 2：只有一个变量 y，不是函数。

学生 3：是函数。

教师：虽然 $y=10$ 只有一个变量，不符合初中函数概念的“有两个变量”的条件，但是一般情况下，如果路程变化，则是有两个变量，即路程 x 和路费 y，y 是 x 的函数，而在路费固定不变的特殊情况下，又不是函数，所以就出现了矛盾。造成这种现象的原因是，这道题目是有现实原型的，不是我们平时所学的被修饰过的数学题目。那么，什么是变化过程？什么是变量？变量一定要有变动吗？这些以实际问题为背景的数学问题正是以后我们大家可能会遇到的。毕竟，数学源于生活，又应用于生活。剩下的时间请大家带着这个问题一起来学习本节课的内容——函数的概念（教师板书课题名称）。

观察与分析：大多数学生认为这不是函数，只有一少部分学生认为是函数。这与学生的学情有关：一方面根据学生在初中学习阶段对函数的认识，此时 $y=10$ 不符合“有两个变量”的条件，很容易认为 $y=10$ 不是函数；另一方面，刚过完暑假，学生的学习时间跟不上，还不能很快进入学习状态，对初中所学的知识有部分遗忘。对此，大家多数不能做出反应，也很正常。再者，由于上课之前学生能够结合本校印发的讲义和资料做相关的预习，所以有些同学能够做出正确的回答。

设计意图：通过学生对该问题的设计和解答过程，让学生意识到数学知识的现实来源背景是我们的生活，数学知识是以现实为

依据的。将现实背景的一些问题转化成数学语言和数学符号进行解决，是学习中经常会遇到的建模过程。这也印证了徐利治先生的观点，即数学抽象就是将现实原型中的数学元素提取出来，构成数学语言。同时，让学生初步感受数学抽象的形成过程。另外，也为进一步讲解函数概念做铺垫。

问题：结合上面的案例，大家思考如果李军行程大于4公里，则 $y=10+2(x-4)$ 是函数吗？

学生：是。

观察和分析：学生异口同声地回答这是函数，其原因是这种形式的函数符合学生对两个变量的认识，和初中对函数概念的认识一致。

设计意图：结合前面学生对函数概念的重新认识和疑问，根据教学的理论联系实际原则，从初中学生熟悉的没有争议的实例出发，带领学生一起进行抽象分析，将实际背景数学化、符号化，抽象成数学语言，感受数学本身具有的抽象美和它在实际生活中存在的意义。

请学生完成表4-2。

表4-2　路费与行程表

x	5	6	7	8	9	10	…
y							

观察和分析：学生都很积极地拿出练习本进行运算。由于运算内容简单，根据学生在初中所学的知识，在很短的时间内，大家就顺利地完成了上面的表格。

设计意图：分离出函数的变量，让学生自己在动手完成表格的

同时,切实感受到自变量每取一个相应的值,因变量中就有唯一的一个值与它对应,进而思考从个别的有序数对到 x 所对应的正实数集和相应的收费 y 构成的有序数对,得到函数对应关系的一般性,感受数学的弱抽象过程。

问题:什么是变量?变量是数吗?变量是数还是集合?

学生 1:变量是会变的量。

学生 2:变量是数。

学生 3:变量是会变的数。

学生 4:变量不仅是会变的数,而且还是很多数。

教师:大家思考一下,前面我们完成的表格里面 x 和 y 是不是变量呢?

学生:是。

教师:很好,那么表格里面变量 x 有几个取值呢?

学生:6 个。

教师:它还可以取到其他的值吗?你能用一种较为简单的方式来表示它吗?

学生展示:让一个学生以板书的形式展示答案:$\{x|x\geqslant 0\}$。

教师:现在大家懂了吧?x 可以取到很多值,我们可以用集合的形式来表示。像大家完成的表格一样,x 取到的每一个值都可以对应唯一的一个 y 值。当然,我们也可以用集合的形式来表示 y 的取值范围。两个变量 x 和 y 之间的对应关系就是我们初中学习的函数。

观察和分析:通过学生的回答,显然大家不能独立用准确的语言来表示变量。这与初中阶段学生学习的方式有关。正如学生所说

的变量是会变的量，教师上课过程中只是这样简单地解释一下，具体这样一个“变量”是如何定义的，或者说是如何抽象出来的，教师没有做过详细讲解。数学抽象作为数学核心素养，虽然被广大教师和教育界所倡导，但并没有真正应用到数学教学实践中。

设计意图：通过这个问题，让学生自己去寻找方法来表示变量，培养学生的自主探究能力。同时，启发引导学生结合前面刚学过的集合来表示函数的概念，亲自体会函数概念的抽象过程，充分体现学生在教学中的主体性。

四、教学反馈

本部分在《普通高中数学课程标准》教育理念的指导下，结合高中数学课堂教学的实际情况，探讨了高中数学课堂教学中对学生的抽象思维能力培养的几个问题，初步完成了以下内容：第一，明确数学抽象思维能力、数学思维能力和数学能力之间的关系，研究培养学生抽象思维能力的重要意义；第二，探讨培养学生抽象思维能力的规律；第三，结合高中数学教学实践，提出培养学生抽象思维能力的教学策略和学习策略。

第五章 发展直觉思维的学习方法

第一节　直觉思维的概念界定

一、数学直觉思维

数学思维可以理解为人们对数学对象的理性认识，以及利用数学语言和符号揭示数学对象的本质属性与内在联系的过程。根据学生所运用的思维在解决数学问题的过程中是否存在明确的步骤,学生主体对其自身的思维过程能否有清晰的意识,可以将数学思维分为逻辑思维和非逻辑思维两大类。而直觉思维作为非逻辑思维中的重要内容之一,与逻辑思维有着明显不同的思维方式。

(一)数学直觉思维的概念界定

当前,已有的研究中对直觉思维的认识和理解是有区别的。对于数学直觉思维的概念的界定有很多,主要分为以下三类。

1. 部分人强调直觉的结构性

荷兰数学家布劳威尔是构造性直觉的代表。他认为,基本的直观是按时间顺序出现的感觉。他把整个数学思维理解成一种构造性程序,认为数学就是从原始直观开始,然后去构造。而美国教育家布鲁纳认为,直觉是直接的了解或认知,是指没有明显地依靠个人技巧的分析而掌握问题或情境的意义、重要性和结构的行为。

2. 部分人强调直觉的选择性

法国数学家庞加莱对数学直觉做了大量的研究。他认为,数学创造中的直觉是对“数学秩序”的直觉,能使我们感知对象之间的细微关系。他把直觉理解为对若干可能的理论或公式的选择。而我

国学者郑毓信认为，数学直觉是一种直观反映数学对象结构关系的心智活动形式,是人脑对数学对象的某种直接的领悟或洞察。孙小礼认为,数学直觉是理性的洞察力,是由美感驱动的选择力。

3. 部分人强调直觉的组合性

德国著名数学家希尔伯特十分重视直觉在数学创造中的作用。他把直觉理解为对数学事实的有益组合,是思维和经验不可缺少的准备条件。

综合以上对直觉思维的理解，笔者对数学直觉思维的概念总结为,人们在面对一个数学问题时,抛弃以往固有的思维模式,在自身已有的知识经验的基础上，从问题的整体出发找到一个切入点,通过观察、联想、类比和猜想后,对所要解决的问题做出一个直接的猜想和判断,把握研究对象的本质。数学直觉思维没有一个固定的模式,直觉思维的过程是直接的、迅速的、不受逻辑规律约束的,没有明确的解决问题的步骤和方法,而是对问题有一个整体的初步判断和思考,通过进一步的观察、比较、联想等,找到解决问题的思路。直觉思维的判断过程几乎是在一瞬间实现的,而过程很难抓住,所以直觉思维需要通过想象,对问题对象有一个形象加工改造,帮助人们形成判断。

(二)数学直觉思维的特征与基本形式

1. 数学直觉思维的特征

直觉思维区别于抽象的逻辑思维和具象的形象思维，有其独有的特点。数学直觉思维的特征主要集中在以下四个方面。

(1)直觉的基础具有经验性

直觉思维是根据已有的知识经验对所要解决的问题做出判

断，是一个不断组合旧的知识经验，形成新的经验的过程，从而使知识经验不断得到积累和升华。学生在解决数学问题时，面对的是数学问题中体现的数学定义、定理、公式和法则等。而这些数学问题以多种形式出现，更是反映在数学的例题、习题和考试中的题目上。学生通过不断学习，不断地接触各种数学问题，在解决数学问题的过程中不断地积累知识与问题解决的实践经验。

(2)直觉的产生具有直接性

直觉思维在解决数学问题时，并不是经过一步步的逻辑分析找到解题步骤，而是对问题的结论有一个直接的判断和领悟。它是对数学问题的直觉的感知判断，解决问题的过程是跳跃的，跳过了中间的若干个步骤，直接从整体上对数学问题、解题思路或结果进行判断和掌握，得到结论。所以说，直觉思维具有直接性。

(3)直觉的过程具有自发性

直觉思维的出现是突然的，没有规律可言。经常出现的情况是这样的:研究一个数学问题很久，却百思不得其解，但在某一刻，突然有了某个思路，找到了解题的突破点。所以说，直觉思维的产生是偶然的、突发的。同时，直觉的出现经常是以顿悟和灵感的形式。而直觉得到的结果不可预期，具有不可理解性。这种直觉稍纵即逝，但却会给人深刻的感受和思考。直觉思维是让意识主体的认识过程实现在很短的时间内有一个突变和飞跃。

(4)直觉的结论具有或然性

我们通过直觉对问题进行判断，但在很多时候，直觉判断得到的结果并不一定全是正确的。因为我们通过直觉思维进行的思考并不像逻辑思维解决问题一样经过一步步的分析和严密的推理，

直觉思维的形式不是严密的,不一定正确。同时,直觉思维所给出的结论由于无法给出明确的原因,所以存在猜想的成分,结果的真实性就需要做进一步的检验。这就是直觉思维的或然性。

2. 数学直觉思维的基本表现形式

结合直觉思维的特点，可以总结出如下五种数学直觉思维的基本表现形式。

(1)直觉判断

直觉判断是在解决问题的过程中,对问题的一种迅速的识别、理解和整体上的掌握而进行的判断。在这个过程中,思维是飞跃式的、不按照逻辑的,从整体上把握并直觉地做出判断。具体表现在,解决一个数学问题时，学生读完题目后，不进行深入的思考和推理,直接就可以把答案写出来,或是在教师还没有完全解释完毕,学生就已经懂了会了。这就是学生的直觉判断的表现。

(2)直觉观念

直觉观念就是在解决一个数学问题时,即使没有书写工具,大脑中也可以构思出生动直观的模型和形象，这些形象在某种程度上进行了一定的抽象和模式化,具体表现为图形、文字和符号等。

(3)直觉想象

在数学问题解决的过程中，当人们对已知的信息了解得不够全面、领悟得不够深刻时,无法对已知对象的实物、符号与图象做出直觉的判断,或按照正常的逻辑思维推理,无法进行下去,这时候就需要借助想象和猜测形成一个大致的判断，或者将很多个点联系起来,形成连接,以便从整体上把握。比如,牛顿发明微积分就是得益于他的几何与运动的直觉想象。

(4)直觉推理

在解决数学问题时,一开始形成的直觉观念是简单的、不关联的,但要解决数学问题,还需要将各个直觉观念按照一定的秩序连接起来，形成一定的结构，进而逐步地接近数学问题和对象的本质。因此,直觉推理就是通过想象把一个直觉观念转换到另一个观念的过程。

(5)直觉启发

有时会发生这样的情况:一个问题思考很久却不得其解,突然在某一时刻,得到一偶然的信息,茅塞顿开,有了解题思路。这就是直觉的启发,也可以称之为“灵感”。也就是说,在解决某一数学问题时,还没找到固有的思维模式,但在某一外部信息的刺激下,通过联想,就可以找到思路或答案。

(三)从心理学角度阐述数学直觉思维的产生

直觉思维并不是完全在有意识的情况下产生的，而是在大脑的左半球与右半球的共同作用下产生的，有相当一部分是在潜意识的作用下产生的。有些心理学家指出,直觉思维的过程就是“显意识—潜意识—显意识”的过程,即先由显意识刺激激发出人的内在潜意识,再由潜意识回归到显意识,其中的潜意识会激发出人的直觉。在数学问题解决的过程中,在数学问题和数学对象的刺激作用下，与其相关的数学知识和认知结构会在潜意识的作用下进行重组与整合,会瞬间产生一个清晰的形象,然后回到显意识中,对于要解决的数学问题有新的想法和思路,从而最终解决数学问题。

认知心理学的研究发现，人脑中并存着两种不同的信息加工系统,即意识加工与无意识加工。其中,无意识加工是一种基于技

能与经验的自动化的无须意志努力的加工，这些特征与直觉的特征非常相似，或者是一致的，因为直觉就是一种无意识的认知加工。认知心理学关于无意识认知活动的研究，有助于我们理解直觉的本质。而数学直觉思维是以一定的知识经验为基础，通过对数学对象做总体观察，在一瞬间顿悟到对象的某方面的本质，从而迅速做出估计判断的一种思维。数学直觉思维是一种非逻辑思维活动，是一种下意识（潜意识）活动参与，不受固定逻辑规则约束，由思维主体自觉领悟事物本质的思维活动。

大量的实验研究和临床证据表明，人的大脑分左、右两个半球，左半球主管语言、计算和逻辑推理，具有连续性、有序性和分析性等特点；右半球主管想象、创造和形象思维，具有不连续性、弥散和整体性等特点。左、右脑的使用是相互补充、协同工作的。

现代生理学也证明，人的大脑分为左脑与右脑，左脑以言传方式进行线性的逻辑思维，右脑以意会方式进行非线性的直觉思维，在左脑与右脑之间有几千万个细胞存在，有多达 10 亿个神经通路，负责大脑左脑和右脑之间的信息传递。人们无论做什么工作和思考什么问题，都需要大脑两半球之间的自由沟通。而直觉思维同其他一切心理现象一样，也是人脑的机能。虽然目前人们对直觉的生理机制了解得不多，但脑科学的最新研究结果已初步表明，直觉主要是右脑的功能，右脑以并行性方式思维，采取的是同时进行整体分析的策略。这就是为什么直觉无须推理就能直接地对事物及其关系做出迅速的识别和理解的原因所在。

数学直觉思维的发生过程包括潜意识和显意识两个领域的思维活动，是在显意识和潜意识的交互作用下产生的，既不是单一的

潜意识的顿悟，也不仅仅是显意识的直观想象，而是一个由显意识到潜意识最终又回到显意识的动态变化过程，包括三个彼此渗透、相互转化的阶段。

1. 显意识领域中逻辑思维的酝酿阶段

人们大部分的数学认识活动首先是在显意识领域中进行的。虽然直觉思维有时表现为直指问题答案的瞬间领悟，但它作为一种解决某一数学问题的独特的思维活动，必然以显意识领域的思维酝酿阶段作为其思维活动的起点。在显意识领域中，人们自觉地依据现有的数学概念、定理、公式等逻辑法则，进行多角度的逻辑思考，寻找问题的答案。在这个过程中，往往因为找不到问题解决的答案，而陷入思维饱和状态的困境，但在这个逻辑思考过程中所形成的思维内容却为直觉思维的发生奠定了信息基础与前提条件。

2. 潜意识领域中思维诸因子自由碰撞阶段

在显意识领域中，思维运动通过逻辑思考而趋于饱和状态，开始停滞下来或被搁置起来，暂停思考，而其所产生的新信息却沉淀下来，进入潜意识领域，继续进行着主体自身没有意识到的运动。这对于显意识领域来说，仿佛是思维活动的停止，显现为暂时性的思维空白。实际上，这些思维内容作为新信息，一旦进入潜意识领域，便展开高速无序的自由运动。同时，在潜意识领域，新、旧知识信息之间相互碰撞、相互作用，进行自由的多维度的非线性的思维活动，在各种知识信息的碰撞结合中，促成直觉思维初步成果的产生。

3. 涌现于显意识领域的验证、完善阶段

在潜意识领域里形成的数学思维结果的雏形一般具有模糊性和瞬息变动性的特点，因此必须迅速使它重新回到显意识领域，并对它进行缜密的逻辑验证和逐步完善。同时，在这个逻辑思维过程中，一方面必须依据数学的逻辑规则，即那些经科学证明了的公式和定理，以潜意识领域形成的思维结果的雏形为基础或基本结构，对显意识领域中关于这个问题的思考进行重新组合，使之在数学抽象概念活动中不断具体化、丰富化；另一方面，又要依据各种定理、法则等逻辑规则，对思维结果进行严格的论证，使之在逻辑思维运动不断深化的过程中，逐步克服某些缺陷，从而形成完善的思维成果，最终完成数学直觉思维活动的全过程。

（四）影响数学直觉思维能力提高的因素

1. 知识基础、原有的认知结构状况

学生的数学认知结构的发展方式有同化和顺应两种，其中同化可以使认知结构分化得更加精确，而顺应是对数学认知结构的调整。无论是二者中的哪一种，都会使认知结构更加趋于完善，以实现数学认知结构的迁移作用。具有不同的原有认知结构的学生个体在相同的信息的刺激下，会产生不同的心理活动。因为每个学生原有的认知机构的层次和水平不同，所以他们对信息的选择和整理加工能力不同。而直觉思维的产生基础具有经验性。数学基础不同，原有的认知结构不同，那么学生的知识迁移能力就不同，产生的数学直觉思维能力就受影响。

2. 观察和类比能力水平

一个学生的观察和归纳类比能力对其直觉思维有着间接的影

响。对于学生来说，如果具有较强的观察和类比归纳能力，那么在面对一个数学问题时，就能通过观察问题的条件、目标与已有的知识经验之间的联系，仔细分析每个细节，尝试发现其中的新意义，抓住问题的本质；通过直觉的类比，发现问题对象与认知结构中已有的数学对象之间的联系，启发解题思路，实现知识之间的迁移。

3. 联想和猜想能力水平

当前，学校的数学教学过程中，注重的都是从已知条件入手，一步步分析找到解题的思路，却很少会去引导学生进行猜想和联想，这样就导致学生的猜想能力的培养被忽视。而猜想能力差，会直接影响到学生直觉思维的产生和应用。

4. 审美能力水平

数学的美在某种意义下并不是主观的臆造之物，而是从整体上对数学问题的反映，从而能够从局部对数学问题进行分析和解决，以取得突破。数学审美能力是指运用数学美的思想和方法，对所要研究的数学问题，通过已有的知识经验，产生美的直觉，从而确定解题思路和方法。学生感受美、欣赏美的能力高，可以在解题中加以运用，诱发自身直觉思维的产生，帮助解决数学问题。

二、数学问题解决

(一)数学问题解决的概念界定

问题解决是一种重要的思维活动，是指在实践和理论学习中，用已有的知识经验无法解决所面对的新的问题，并且又没有现成的答案或解决方案时，所引起的寻找处理办法的一种心理活动。这是一种高级的心理活动，在某种程度上具有一定的创造性。

数学问题解决是以数学对象和数学课题为研究客体的问题解

决,是在一定的问题情境中开始,要求教师根据问题的性质、学生的认识规律和学生所学知识的内在联系，创造一种问题情境,以引起学生的认知矛盾冲突,激发学生积极、主动的思维活动,再经过教师的启发和帮助,通过学生主动地分析、探索并提出解决问题的方法和检验的方法等思维活动,达到掌握知识、发展能力的教学目标。

综合以上论述,笔者认为,数学问题解决是解决数学问题的过程。这里的数学问题不单单指解决数学题目,还包括对数学概念的学习理解、对数学定理的应用、对数学公式的变形推导与对数学实际问题的解决。

(二)数学问题解决的特征

数学问题解决形式多种多样,问题的深度、难度也不尽相同。哪怕面对的是同一个问题，不同的主体也会有不同的解决策略或方法。总的来说,数学问题解决有以下三个特征。

1. 情境性

数学问题解决的过程是在一定的问题情境中开展的，在问题情境中，产生认知矛盾冲突，对学生原有的认知结构中的数学概念、原理与思想方法等进行加工和重组,形成一套适合该问题情境的观念,然后主动地对问题进行分析和探索,并提出解决问题的方法,最后检验这种方法的可行性,从而达到解决数学问题、掌握数学知识、发展数学能力的最终目的。

2. 目的性

数学问题解决的过程就是寻找和达到目标的过程。在这个过程中,意识主体会产生思考并向目标靠近。同时,这个过程会使得

学生的数学背景知识的范围扩大或者突破极限。这是知识从已知到未知的过渡与突破。

3. 模型化

对于一个实际的问题,在变成数学问题之后的解决过程中,都是将实际问题的物质性抽离,只剩下数学模型,变成纯粹的数学问题。这样,在问题研究的过程中,有利于概念和命题的形成,帮助学生更便利地理解和认识问题。

(三)影响学生数学问题解决的因素

1. 学生已掌握的知识基础

问题的解决需要丰富的知识作为分析问题、提出假设与检验的必要依据。若知识基础不牢固,实践经验不足,则在问题解决的过程中,就无法及时有效地记忆起相关知识,并加以运用,以解决问题。

2. 思维定式影响学生解题思路的选择

如果学生思维的灵活性与对数学思维掌握的熟练度不够,对于同一类型的问题只有一种特定的解决思路,那么在问题解决过程中,就不会选择容易的思路去快速合理地解决问题,从而成为解决问题的障碍。

3. 学生的求知欲与个性品质

学生自身的求知欲和对问题解决的积极性对于问题解决有着重要的影响。恰当的求知欲与学生本身良好的个性品质,如自信心、思维的灵活性、学习的兴趣与毅力等,都会对数学问题的解决产生一定的影响。

三、学生问题解决与直觉思维能力的关系

学生在数学问题解决的过程中，无论是对数学概念的获得，还是对数学题目的解决，都涉及直觉思维，而且直觉思维的应用大大地增加了数学问题解决的效率。直觉思维在数学问题解决过程中的不可替代、不可或缺的作用，以及当前教育界对学生数学问题解决能力的广泛关注，都使得数学问题解决过程中直觉思维的应用问题成为广大数学教育工作者重点研究的课题之一。而直觉思维之所以受到广泛的关注和高度的重视，是因为直觉思维在数学问题解决过程中具有逻辑思维和其他数学思维所无法替代的特殊作用。这种特殊作用主要体现为以下三个方面。

（一）直觉思维可以帮助我们选择解题思路

在数学问题解决的过程中，经常会面临同时存在几种思路的情况，然而到底该选择哪种思路继续下去，单靠逻辑分析，有些困难，也费时间。这时，直觉思维就可以帮助我们最快地做出选择和判断——到底该选择哪种思路，放弃哪种思路，暂时搁置哪种思路。这都需要靠直觉思维去辨识。

（二）直觉思维可以帮助我们开辟全新思路

在数学问题解决的过程中，并不是一直顺利的，经常会出现思路中断，无法继续将问题进行下去的情况。这时，逻辑思维受阻，所有可能的解决方案都试过，但问题却仍然无法解决。而这个时候，直觉思维会帮助我们开辟出全新的思路。

（三）直觉思维可以帮助我们更加具象地了解未知领域

当我们在学习全新的东西或所研究的问题涉及未知领域时，无法通过已有的认识对新领域的问题有一个具象的了解，而直觉

思维可以帮助我们凭借想象,在脑海中构造出一个图象或模型,使我们对所要研究的数学对象有一个具象的了解，然后通过严格的论证和检验,获得重要的结论和突破。

第二节　直觉思维的研究概述

一、直觉思维的研究概述

(一)古代中西方的直觉萌芽

在我国,自春秋战国时期的老子、庄子、孟子等学者起,就开始了对直觉的研究,哲学上的"道"需要"悟",艺术上的意境也需要"悟",而直觉的模糊性与整体性切合了我国人民的世界观,以至直觉思维成了古代中国哲学的传统特色。但直觉思维被我国人民神化后,却一直未改进。在有百科全书之称的宋代沈括的巨著《梦溪笔谈》中,把数学的成果列入"卷十八技艺"之中,把数学与"造弓有术""活版印刷"等放在一起。由此看来,人们并不都是把数学看成逻辑演绎化的数学思维方式和公理化的表述方式，而是表现了我国古代数学的非逻辑思维的类比、归纳、联想、直觉等思维方法。

在古代西方,古希腊时期对直觉思维就有了认识。毕达哥拉斯学派指出,"思想是高于感官的,直觉是高于观察的"。而亚里士多德提出的"借助归纳法去获悉原始的前提和了解原始前提的将是直觉"与"直觉就是科学知识的创始性根源"两种观点在西方哲学史上产生了巨大影响。很多近代早期的资产阶级哲学家关于直觉的见解,多是受亚里士多德这些观点的影响而形成的。

(二)近现代的直觉理论

法国哲学家柏格森认为,所谓直觉,就是一种理智的交融,这种交融使人们自己置身于对象之内，以便与其中独特的且无法表达的东西相符合。科学上之种种伟大发现都是借助直觉。柏格森肯定了直觉的存在及其在科学方面的作用是对的，但他把直觉与科学、理性对立起来,就导致了神秘主义和唯心主义。

意大利哲学家克罗齐把精神活动分为认识和实践两种，认识由直觉开始,到概念为止,直觉活动产生个别意象,概念活动产生普遍概念。他认为,人的知识也有两种,即一种是直觉的,从想象得来;一种是逻辑的,从理智得来;直觉知识可以离开理性知识而独立,但理性知识却离不开直觉知识。

法国数学家庞加莱认为,"逻辑用于论证,直觉可用于发明"。他把直觉分为三个层次:第一,感觉与想象的直觉;第二,借助归纳而概括出来并用科学实验对象加以描述的直觉;第三,数学的直觉。

爱因斯坦认为,直觉包括四方面的内容:第一,直觉是以经验为基础的,不是纯粹的思辨;第二,直觉不是单纯从经验中归纳出来的;第三,直觉是经过长期的沉思后才出现的;第四,通过直觉得到的是类似于几何学公理一样具有自明性的公理和概念。

哲学家邦格在《直觉与科学》一书中把直觉分为四种:作为感觉的直觉、作为想象的直觉、作为理性的直觉和作为评价的直觉。我国学者章士嵘在《科学发现的逻辑》一书中从逻辑学的角度,将直觉分为综合型直觉思维、类推型直觉思维和选择型直觉思维,并对其进行分析与研究。卢明森按其基本性质或范围,将直觉分成经

验直觉、艺术直觉和科学直觉三类,并分析出了科学直觉的几种基本逻辑机制,即压缩或省略型、跳跃型与猜测型。这几种逻辑机制并不是狭义的演绎推理、归纳推理过程,而是指广义的因果链条。此外,还有更多的人根据直觉的内容,把它分为经验直觉、科学直觉、艺术直觉、伦理直觉和数学直觉等。

王复亮从系统论的角度把人体抽象成一个十分完整和相当高级的多媒体系统，并指出人的大脑类似一个功能复杂的微处理器和信息存储器,左半脑专管逻辑思维和信息记忆,右半脑专管创新思维。而人体的头、口、眼与四肢等是系统的输出设备,用来输出各种不同的信息,并支配各种不同的动作,人体的其余部分主要完成人体所需能量的供给、转换、储存、排泄与信息的传输和反馈等功能。据此,可得到简化的人脑思维模型,如图 5–1 所示。

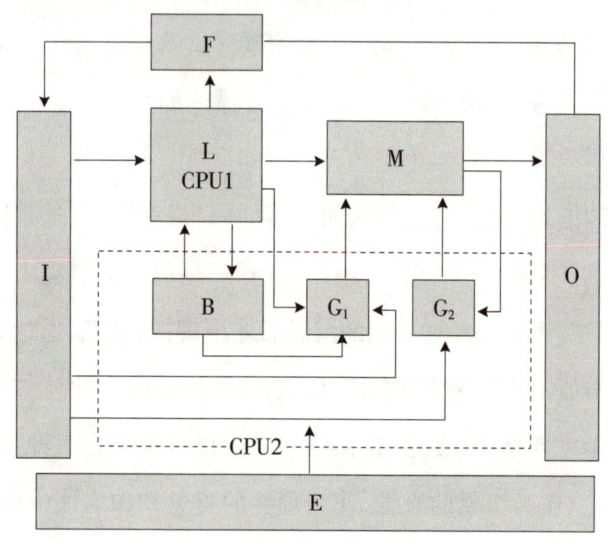

图 5–1　简化的人脑思维模型

在图 5–1 中,王复亮将直觉思维与灵感思维明确地区分开来。其中,I 为信息输入系统，给大脑提供来自人体的各种感觉器官的

输入信息;O 为信息输出系统,接受大脑输出信号,并支配人体的各种动作;M 为大脑的信息记忆系统,专门存储各种要记忆的信息;L 为逻辑思维系统（CPU1);B 为除灵感和直觉思维以外的创新思维区域;G_1 和 G_2 分别是灵感思维和直觉思维区域;B 与 G_1 和 G_2 共同构成大脑的创新思维(CPU2);F 为反馈调节系统,完成大脑对输出信号的反馈调节;E 为能量供应系统，供给大脑各部分所需要的各种能量。

德国数学家希尔伯特认为,在算术中,像在几何学中一样,我们通常不会循着推理的链条去追溯最初的公理,相反地,特别是在开始解决一个问题时，我们往往凭借对算术符号性质的某种算术直觉,迅速地、不自觉地应用并不绝对可靠的公理组合。这种算术直觉在算术中是不可缺少的，就像在几何学中不能没有几何想象一样。

以色列学者费施拜因就数学直觉问题写了一部著作——《科学和数学中的直觉:从教育的角度看》。他认为,数学直觉作为一种特殊的认知形式，在很大程度上可以被看成感性知觉在更高层次上的替代物。这一著作的独到之处是,从理论的角度,对数学直觉的问题做出了较为系统的研究。在此书中,费施拜因从功能、产生的方式等角度,对直觉进行了进一步分类,大致分为两类,即“确定性直觉”和“发现性直觉”。同时,他认为,发展数学的目标是把相应的抽象对象变为可直接把握的“自明的”“可靠的”,能有效加以应用的直觉对象,并指出“直觉的模型”包括四类:建立在类比之上的直觉模型、范例式的模型、图象的模型、朴素的(现象学)模型。

张奠宙在《数学教育学》中描述了他对数学直觉的认识:数学

主要是对事物的一种认识与一种理解，数学思想与数学观念以及与之相连的数学方法乃是数学思维的主导方面，任何一种新的数学理论只靠严谨的逻辑演绎是推不出来的，必须加上生动的思维创造。一旦有了新的想法，探取了新的策略，掌握了新的技巧，数学思维就前进了一步。而人们的直觉和顿悟往往可以得出整个理论的百分之七十，剩下的百分之三十则是逻辑验证。数学史上冠以某数学家名字的猜想定理、法则往往并无逻辑证明，逻辑推演是后人补做的，但是人们把功劳归于首创者，道理也在这里。

王健吾分析了数学直觉思维的概率模式，认为我们要处理某一数学问题时，该数学问题构成一个特定的体系，并将此体系分为两个空间：一个是知识空间，一个是直觉空间。同时，他认为，直觉空间依赖于我们的才华和见识，它的创造功能通过五种形式表现出来，由此对数学直觉建立一个初级概率模式。而初级概率模式由以下六个阶段组成：①问题出现；②直觉空间建立知识空间 A；③直觉空间提出信仰测度 I；④直觉空间重建知识空间 B；⑤直觉空间对 B 空间提出信仰测度 II；⑥直觉空间改造自身，即提出不分明网络，然后让它在潜意识里随机漂移，寻找灵感和启示。

二、高中学生直觉思维障碍的表现与理论基础

（一）数学直觉思维障碍及其表现

1. 数学直觉思维障碍

数学直觉思维障碍就是在面对数学对象时，学生不能以解决这一问题所需要的知识经验为基础，对数学对象进行总体观察和敏锐的分析，而得到解决这一问题的方向和途径的思维。

2. 数学直觉思维障碍的表现

第一,不善于运用分析、综合、抽象概括的方法与自己的方式总结概括学过的数学知识并将其归类，形成合理的认知结构。比如,在学完函数初步、指对函数、幂函数、三角函数之后,不对它们进行整理归纳,不能对函数在高层次上进行认识,形成函数组块。

第二,对数学学习缺乏兴趣,求知欲不强,好奇心不强,遇到挫折就气馁、动摇,对学好数学没有信心;缺乏稳定的情绪、坚强的意志、不懈的努力。比如,上数学课无精打采,不能集中精力听讲;遇到未曾做过的数学题,认为自己做不出来;认为自己无论怎样努力,都不能学好数学;在数学学习时,不能心平气和地对待困难;对一些创新性的题目,自己不会认真地思考钻研,只会等待教师的讲解。

第三，不能从整体上深入理解数学概念与规律的本质和内在联系;不能全面、准确地分析数学问题,只会片面孤立地看问题,没有良好的审题习惯和技能,以偏概全,只抓住问题的一点,只会生搬硬套,只见局部不顾整体。比如,在学习函数定义时,只是记住了函数的概念，而不对其定义进行深层次的剖析；在面对数学问题时,只注重题目表面的已知条件,而不能快速地分析出其隐含的条件,不能把握问题的本质和排除无关条件的影响;在面对有多个已知条件的数学问题时,只会从单个的已知条件分析问题,而不能从整体上分析并解决问题。

第四,不喜欢对解决数学问题的各种可能性进行探索,不具有敏锐的观察力和提出问题的能力,不能迅速地抓住重要信息;思路狭窄,呆板单一,不能多角度地寻找解决问题的方法,更不会寻找

解决问题的最佳方法；对解题方法的掌握表现为机械地模仿，一旦改变问题方式，则思维混乱，不能抓住关键环节而形成思维中心。比如，在解决数学问题时，认为只要能做出来就行，而不是在做出来的基础上，分析题目，从而找到更便捷、简单的方法；同时，经常因为思维定式的消极作用，使得解题陷入僵局。

第五，有惰性和从众心理，对脑中一闪而过的灵感和顿悟不深入思考，不积极具体实施。比如，在预习课本或解题的过程中，面对出现在脑海中的一些数学灵感，不去进行积极的思考和分析，而是想当然地否定或舍弃它们。

第六，只满足教材上的一些结论与教师的讲解，不敢对数学权威性的观点提出疑问；不能及时调整错误的解题策略，不能及时对所学知识和所解决的问题进行反思。比如，在数学教材或课堂上，对所接触的数学概念和定理，只是毫无理由地认可和接受，从不怀疑，也从不主动了解关于这些概念或定理的数学史知识；在解题过程中发现思路不正确时，不能及时地调整；在学习一个阶段后，不能及时地对自己的学习进行检查和反思。

(二)理论基础

1. 认知发展理论

皮亚杰与他的认知发展理论是在认知发展史上最具影响的。他早年的生物学训练对他的发展观的产生有着重大的影响。他认为，生命必须不断地对变化的环境进行适应。而所谓"适应"，就是指生物有机体随着环境的变化而不断地改变自身，以与环境相协调，从而达到平衡的过程。其目的在于追求生物体的自我保存与维持。在皮亚杰看来，智慧和思维的本质是生物适应性的特殊表现。

他用平衡调节机制来解释认知发展的动力。他把儿童看作积极的学习者,认为他们会去主动地建构关于外部世界的知识。因此,他们的思维是来自主客体的相互作用。而儿童本身具有一定的图式(皮亚杰的图式指的是一种认知结构),在与外部世界接触中,产生"同化"或"顺应"。在此过程中,儿童在主动地建构认知结构。

皮亚杰认为,学生在认知结构上的差异与年龄有关,处于不同阶段的学生,其认知、理解事物的方式和水平是不同的。皮亚杰对学生的认知发展水平按年龄可以划分出感觉运动阶段、前运算阶段、具体运算阶段和形式运算阶段这四个不同的认知发展阶段。其中,在感觉运动阶段,儿童只能通过感官和动作来认识世界,在认知上,客体永久性和因果关系初步形成;在前运算阶段,儿童主要依靠个人的感觉、体验和表象进行思维,这就是直觉思维中的感性直觉;在具体运算阶段,儿童达到了心理运算的初级阶段,能进行初步的逻辑思维;在形式运算阶段,此阶段是心理运算的高级阶段,儿童形成了初步的抽象逻辑思维,并且认知发展已基本达到成熟,思维具有了较强的抽象性和灵活性,在解决问题时,能对问题提出假设,并对问题进行多种可能性的考虑,即达到了直觉思维的理性直觉阶段。

2. 建构主义学习理论

建构主义提倡在教师的指导下以学生为中心的学习。也就是说,既强调学生的认知主体作用,又不忽视教师的主导作用。学生是信息加工的主体,是意义的主动建构者,而不是知识的被动接受者和被灌输的对象;教师是意义建构的帮助者、促进者与合作者,而不是知识的提供者与灌输者。建构主义认为,学习活动不应是由

教师向学生传递知识,而应是学生主动建构自己知识的过程,同时把社会性的互动作用看作促进学习的源泉。建构包含两方面的含义:第一,对新信息的理解是通过运用已有经验,超越所提供的新信息而建构成的;第二,从记忆系统中所提取的信息本身也是要按具体情况进行建构,而不仅仅是提取。建构主义把学习的实质理解为学生通过新、旧知识经验之间的相互作用来形成、充实或改造自己的经验体系的过程。

学习是学生积极主动建构内部心理表征的过程,学生以已有的认知结构(包括已有的知识经验、认知策略和认知方式等)为基础,对信息进行主动选择、推理、判断,从而建构起关于事物及其过程的表征。也就是说,学生学习是主动的,不是被逼迫接受的,也不是简单地由教师到学生的传递,学生是知识意义的主动建构者,教师是教学过程中的指导者和组织者。建构同时包括两方面:建立和构造关于新知识认知结构的过程。因此,既要在原来经验的基础上,建立对新知识的理解,建构新信息的意义,又要通过调整与重组已有的材料和结构,与原有的认知结构相互结合,构成新的认知。建构主义认为,“意义建构”是学习过程的最终目标。知识和意义不是简单地由外部信息决定的,意义是学生通过新、旧知识经验间反复的和双向的相互作用过程而建构的。其中,每个学生都在以自己原有的经验系统为基础,对新的信息进行编码,建构自己的理解,并且原有的知识又因为新经验的积累而发生调整和改变。建构主义学习的基本模式就是“同化和顺应”。简单地说,同化是原有认知结构对新知识的认同,顺应是原有认知结构对新知识的适应。而“有意义接受学习和有意义发现学习”是建构主义学习的两个基本

过程。

数学建构主义学习的实质是主体通过对客体的思维构造，在心理上建构客体的意义。所谓“思维构造”，就是指主体在多方位地把新知识的各种因素建立联系的过程中，获得新知识意义。数学学习是学生在已有数学认知结构的基础上进行的建构活动，建构数学知识及其过程的表征。建构主义者认为，数学学习的目的不只是学习基本的数学知识，更重要的是培养学生的数学思维。因此，数学教学应更加重视对学生进行思维训练。

建构主义对数学教育的启示是，充分注重学生的主体性地位，注重数学学科的特点与学生的实际生活相联系，与社会环境相联系；同时，教师应针对数学思维的多样性，对学生的学习给予适当的指导，以培养学生包括直觉思维在内的多种思维方式，来提高学生的数学能力。教学起始于学生已有的知识、兴趣和情感。因此，教师必须以此作为出发点，为学生创设一种良好的学习环境，使之可以在这种环境中通过实验、探究等方法，在建构意义过程中主动搜索并分析有关的数据和资料，对所学习的问题提出各种猜想并加以验证。在这个过程中，教师应该重视学生对各种现象的不同理解，倾听学生的想法，思考这些方法的由来，并引导学生丰富和纠正自己的解释，使学生养成直觉猜想的好习惯，这样在学习过程中，能产生有成效性的数学直觉思维。

3. 信息加工观

现代认知心理学以思维是信息加工过程的理论为基础，以潜意识理论为主要根据，结合自身的经验，形成直觉思维的信息加工理论。而所谓的“思维的信息加工”，实质上是主体根据现有的思维

能力，运用已经掌握、储存的各种知识，对外界输入的新信息进行理解、识别、判断、联想、推断和想象的过程，是新信息与已有信息之间进行各种匹配、排列、组合的过程。依据信息论的观点，有意识地处理信息是按顺序进行的，即有意识思维沿着确定的方向，集中地对信息进行加工处理，以保证有目的、有计划地完成任务，而潜意识思维恰与有意识思维相反，可以沿不同方向，发散式地加工处理信息，这就是直觉思维的心理机制。

加涅认为，学习是一系列的认知过程，是学生通过自己对来自环境的信息进行内在的认知加工而获得能力的过程。从信息论观点来看，思维的过程是一个信息传递、接收、储存、检索加工、输出的过程。在思维过程中，查找信息是一个很重要的环节。据日本创造工程研究所所长推测，人脑储存的概念信息与形象信息的比例为 1:1000。因为同一个概念可以用不同的形象来表现，所以查找一个事物的形象信息的概率比查找其概念信息的概率大很多倍，而依靠有形象思维特色的直觉，能快速地查找到该类事物的形象信息，而且很容易提取出原来储存的信息。只不过直觉思维可以省略其中的某些步骤，跳跃式地发展，迅速地获得顿悟。

数学学习过程是一个信息传递的过程，信息加工观的学习理论启示我们，教师应从学生的学出发，依据学习的层次，精心组织好教材，在学习过程中要注意引导学生直接探索和直觉猜想，并重视教学的反馈作用。

第三节 发展高中学生数学直觉思维的具体教学策略

一、高中学生直觉思维的发展障碍归因

数学直觉思维障碍的形成既有学生的主观因素，如认知结构缺陷、元认知能力差等，也有客观因素，如教育环境因素、教材因素等影响。而本书不可能将所有的影响因素一一列出，所以笔者将列举几个比较重点的影响因素。

（一）主观因素

1. 知识经验不足

直觉思维不是无源之水、无本之木，而是以人类的知识经验为基础的。不同的人对同一事物有着不同的直觉认识，水平也有高低之分，但一般来讲，知识经验越丰富，直觉思维的成效性越高。丰富的知识经验可以使人更深入地洞察事物的本质和内在联系，以及事物与事物之间的共同点和内在联系，从而产生深邃的直觉。如果没有丰富的知识经验作为基础，那么对任何问题产生的直觉都没有成效性。波利亚曾说："如果我们对该论题知识贫乏，是不容易产生好念头的，如果我们完全没有知识，则根本不可能产生好念头。一个好念头的基础是过去的经验和已有的知识。"

由于数学知识经验不足而造成直觉思维障碍的表现有以下两点。

其一，没有理解和掌握数学的基本知识，也不能掌握数学符号

语言。此时形成的直觉就成了无源之水和无本之木,根本产生不了数学直觉,或产生了错误的数学直觉。例如,在判断集合 A 到集合 B 的对应法则 f 是不是函数或映射时,就必须理解函数和映射的概念。

其二,理解和掌握了数学的基本知识,但不能将它们系统地联系起来,各知识点之间仍然是孤立的。此时,就不能从整体上深入理解数学概念与规律的本质和内在联系,不能全面、准确地分析数学问题,思路狭窄,呆板单一,不会寻找解决问题的最佳方法,不能形成有成效性的直觉思维。

2. 认知结构缺陷

认知结构是指学生在某学科领域知识的组织,即学生现有知识的数量、清晰度和组织的方式,由学生眼下能回想出来的事实、概念、命题和理论等构成。心理学研究表明,认知结构是学生思维存在和发展的基础,是影响思维的重要变量。数学认知结构不是一个孤立的系统,不仅包括数学学科方面的知识、经验和思想方法,而且受到生活经验和其他学科知识经验的直接影响。

心理学家奥苏贝尔认为,良好的认知结构应具备三方面的特征:第一,认知结构中有适当的可以与新知识相联系的观念;第二,原有的起固定作用的观念是稳定的,并且要使学生能迅速地识别相关信息并提取出来,就需要其认知结构中的观念网络结构是层次分明的;第三,新学习的材料与原有观念之间具有可辨别性。

良好的认知结构可以有效地促进直觉思维的产生。信息储存量大能够为直觉思维的产生提供基础,而认知结构的有序性可以使思考者从知识网络中迅速准确地提取所需要的信息。但认知结

构缺陷会导致直觉思维障碍，主要表现在以下三个方面。

(1)认知结构中缺乏相应的知识或相应的知识错误，造成直觉思维障碍

以信息加工的观点来看，思维是一个复杂的信息处理过程，主体不仅要接收和加工与当前问题有关的信息，还要提取和加工原来储存的信息。例如，在学习二次函数的零点时，就必须掌握一元二次函数解的求法。然后，在数学学习中，通过对各种信息的比较和综合，进一步做出符合问题本质的判断。但如果在信息加工过程中，学生原有的认知结构缺乏相应的知识或相应的知识错误，那么就不能把握事物的本质，因此就不能进行有成效性的直觉思维，也就导致了直觉思维障碍。

(2)原有认知结构的无序性造成直觉思维障碍

学生认知结构中的数学知识很充分，并且理解和掌握了数学的基本知识，但数学问题是需要综合利用各个章节的知识点来解决的。例如，平面向量与三角函数或平面几何相联系的问题、数形结合的问题等。如果这些知识是杂乱无章地存在于人的大脑之中，那么这样的认知结构只是知识点的堆积，没有形成知识之间错综复杂、相互交织而又清晰明确的知识网络，可辨别性和可利用性很差，而直觉思维具有其迅速性和直接性，这样就使思考者不能从知识网络中迅速准确地提取所需要的信息并与问题情境联系起来，因此就产生了数学直觉思维障碍。

(3)缺乏一定的生活常识与其他学科知识经验，造成数学直觉思维障碍

数学认知结构不仅包括数学学科方面的知识、经验和思想方

法，而且受生活经验和其他学科知识经验的直接影响。丰富的经验背景是理解数学知识和解决数学问题的前提，是产生数学直觉思维的保证。特别是在处理与实际生活相结合的数学问题（如商品利润、储蓄利息等）和与其他科学知识（如物理、天文等）相联系的数学问题时，缺乏一定的生活常识和相应的学科知识经验，会造成数学直觉思维障碍。

3. 消极的数学情感

情感作为人的重要心理活动，是伴随人的认识过程而产生的，产生于认识活动的过程之中，又影响着认识活动的进行，是对客观事物的另一种反映形式，即人对客观事物（含客观认识）与人的需要之间的关系的反映。

有些高中学生的数学认知结构本身并无缺陷，但他们却不能进行或不能进行有效的数学直觉思维，因为认知结构不是孤立的，而是与情感共有的，是血肉相连的一个系统、一个整体。直觉认识过程不仅产生情感，渗透情感，而且也深深地被情感影响。情感作为一种特殊的认知因素，在直觉思维中尤为突出。认知科学的研究表明，客观事物的信息是以感知形式出现的，这时的感知在不同的情感、意志的作用下，就分化成不同的感觉，表现出认识的个体性特征，而直觉中的感知受情感的影响更是特别直接和强烈。情感属于非理性因素，由于它的参与，使直觉思维更具有非理性认识的特点。

知和情是一个人心理结构的同一整体的两个方面，是人的心理结构最主要的基础部分。在临床心理学领域，人们都认为情绪是心理障碍的核心因素。在很多情况下，由于消极情绪的影响，导致

学生记不住所学的知识，导致学生思维呆板甚至停滞，导致学生一谈数学就无精打采。虽然直觉思维的产生表现出一瞬间的爆发，但它却是建立在锲而不舍的艰苦思索的基础之上。在直觉思维产生前的酝酿过程中，思维者往往要面临许多困难，使思考陷入困境。如果没有积极的数学情感推动着思维者坚持不懈地努力，那么有效性的直觉思维就不会产生。

4. 消极的思维定式

思维定式是指人们用某种固定的思维模式去分析和解决问题。认知心理学认为，当某种知识结构较之其他知识结构更容易为人们所想起时，就会发生定式效应。在学习中，它表现为一种思维的惯性，因此它具有一定的倾向性和依赖性。心理学研究表明，每个人在思考问题时，都会或多或少受到思维定式的影响。人有记忆，有成功的经验，有对正确模式的一种依赖，就必然有思维定式。从某种意义上讲，思维定式是对以往知识的一种继承，消除它，也就消除了头脑中的记忆。而数学学习过程中的思维定式具有双重性，既有积极的意义，又有消极的影响。积极的思维定式是指人们把自己头脑中已有的思维模式和方法，恰当地运用到新的情境中，根据面临的问题，联想起已经解决的类似的问题，将新问题的特征与旧问题的特征进行比较，抓住新、旧问题的共同特征，将已有的知识经验与当前问题情境建立起联系，利用处理过类似的旧问题的知识经验处理新问题，或把新问题转化成一个已解决的熟悉的问题，从而为新问题的解决做好积极的心理准备。而消极的思维定式是指人们在用某种思维模式多次成功地解决某类问题后，当解决相类似的新问题时，就会表现出一种套用以前思维模式的倾向，

形成一种摆脱不掉的心理状态，因此就把自己头脑中已有的习惯的思维方式不恰当地运用于新的情境、新的规律中，不善于变换思考问题的角度，也不善于改变思考的方法。

引发学生消极的思维定式的原因有很多，如教师在教学中为了突出重点、突破难点，反复强调结论，要求学生熟记和掌握，只是要求学生机械地记住结论，而没有使学生真正地掌握其内在的含义；学生在学习上也存在惰性，不善于进行发散性思维，逐渐形成呆板机械的思维方式，只是把以前学过的知识和规律强搬硬套到新知识或新问题中。

5. 元认知能力差

元认知是认知主体对自身心理状态、能力、任务目标和认知策略等方面的知识，同时也是认知主体对自身各种认知活动的计划、监控和调节。它包括三个既相互独立又相互联系的成分：元认知知识、元认知体验、元认知监控和调节。其中，元认知知识是有关认知的知识，是人对有效完成任务所需的技能、策略及其来源的意识；元认知体验是伴随着认知活动而产生的认知体验和情感体验，包括知和情两方面的体验；元认知监控和调节是元认知的关键，是指在进行认知活动的过程中，人将正在进行的认知活动作为意识对象，不断地对认知过程进行积极、自觉的监控和调节，以便尽快有效地达到预定的目标。因此，元认知是对认知的认知。

学生是否能用自己的知识、认知策略以及信息传递系统的能力来从事学习、记忆、思维与解题，都与元认知的发展密切相关。思维是有意识的人脑对客观事物的反映，人脑不仅能意识到客观事物的存在，还能意识到自己的思维活动，并对其进行有效的调控，

而元认知是人对认知活动的自我意识和自我调节。也就是说,元认知在对思维进行监控。

元认知过程与直觉思维过程是并存的,既可以使学生了解自己信息加工的过程和能力,又可以使学生懂得如何采取措施,以便更快地提取相应的知识,来调节和控制自己的信息加工过程。已经形成的元认知会对以后的学习活动产生影响。有元认知能力的人在学习数学时,不但重视对数学学习对象的研究,而且时刻清醒地关注着自己的思维活动过程:这个数学问题有什么特点,解决这个问题有哪些策略,这些策略会达到什么效果,应该选择哪些策略,等等。换言之,元认知越丰富、越科学,就越有利于形成有成效的直觉思维。因此,提高学生的元认知能力,是克服学生数学直觉思维障碍的关键和突破口。

(二)客观因素

1. 教育环境因素

20 世纪 60 年代以来,我国颁布的若干数学大纲中一直以“运算能力、逻辑思维能力、空间想象能力”这三大基本能力作为中学生数学能力的基本内容,而且数学能力的核心也一直是逻辑思维能力。在数学这门学科中,形象思维、逻辑思维和直觉思维是数学思维的三种基本类型。然而,在数学教育和教学过程中,对中学生的逻辑思维能力的培养和训练都给予了足够的重视,但却对学生观察力、直觉力和想象力的培养,特别是与创造性思维能力相联系的数学直觉思维能力的培养,长期得不到重视。知名华人数学家哈佛大学教授丘成桐于 2005 年兴冲冲地赶到杭州,与一群取得好成绩的数学尖子生见面,结果却令他大失所望。他说:“大多数学生对

数学根本没有清晰的概念，对定理不甚了了，只是做习题的机器，这样的教育体系难以培养出什么数学人才。"

2. 教材因素

目前的中学教材与教法过于偏重形式，强调逻辑思维能力，忽视数学活的灵魂，过于偏重演绎论证的训练。纵观我们所使用的教材，首先，常以有用或无用来取舍教科书的内容，而不深入探寻追求其中的道理。比如，在学习导数时，只是给学生一些浅薄的概念、定理与公式，而未将其中的原因和原理解释清楚，学生学完后只会使用公式做题，对其中的道理仍是一头雾水，搞不清楚。其次，数学史的内容寥寥无几。学习数学史，不仅能溯本求源，了解数学概念的来龙去脉，了解概念和规律产生的历史背景，而且还能陶冶学生的思想情操，培养学生学习的毅力。再次，教材的知识大部分是拆掉了"脚手架"的雄伟壮观的极富逻辑性的数学大厦，在揭示客观事物量与形式及其关系时，都是通过严格的逻辑推理来实现的。在当前全面推进以培养学生创新精神和实践能力为重点的素质教育进程中，应该对诸如数学实验等非逻辑化的数学方法和教学方法及其地位和功能意义给予重新认识，注重实验、直觉、形象思维等非逻辑地揭示知识的形成、发展过程，让学生左、右脑并用，从而把握数学的本质，培养数学能力，使学生在这种情境中进行实验学习、发现学习、建构学习。

3. 课堂教学因素

在中学课堂教学中，教师把学生视为被动的接收器，无视学生现有的认知结构，只按教师自己的想法传授知识，进而淡化了从旧知识到新知识的发生、发展过程，甚至会由旧知识直接把新知识告

诉学生，只要学生“会用”就行了。这很容易造成学生被动接受，成为事实上的灌输知识的容器。因为很多知识在教师的认知结构中是整体的、系统的，随时可以拿来用，而在学生的认知结构中是模糊的、零散的，到需要用时不一定能拿得出来。这种讲法会使学生觉得“老师能想出来，而我却不能”，从而对自己失去信心。同时，大部分教师也只是按照概念、定理、例题练习这种传统的教学方式，将各种结论式的知识，利用“填鸭式”的方式灌输给学生，不告诉学生这些概念、定理产生的实际背景，也不剖析解题过程中的思维活动。也就是说，教师只是说明了抽象世界的事情，而没有把通向数学世界的路明确地指引给学生。当学生的回答不是教师所设想的答案时，教师不去思索学生的回答是否具有创意，而是把学生强拉硬拽到自己的思维轨道上，于是将学生一些独特的思想和创造性的火花扼杀在摇篮中。因此，学生只能被动地接受教师所传授的这些逻辑性知识，并将其机械地运用在数学解题中。

二、直觉思维的意义和作用

(一)直觉思维符合青少年的思维习惯

青少年思维灵活，自由度大，跨度大，不受条条框框限制，一方面喜欢离奇，喜好异想天开；另一方面，由于知识缺陷多，逻辑思维能力不完善，虽然有时能觉察到某个数学问题的正确或内在的潜藏的某种关系，但又难以言表，说不清、道不明。这些特点正好符合直觉思维的普遍性和模糊性等特性。这个时期是对他们进行直觉思维能力培养的好时机，有助于青少年智力的发展。

如果教师在教学过程中，对任何问题都苛求为什么，过于要求学生讲清问题的来龙去脉，那么就会抑制和阻碍学生的直觉思维，

降低直觉思维的积极性;过分强调步骤的递进和过程的严密,就会限制学生直觉思维的拓展,不利于学生的智力发展,使学生在解决问题的过程中处于被动地位。而正是由于青少年处于生长期、发育期和活跃期,所以才使得直觉思维成为青少年学生思维的一种重要形式。笔者认为,这一点应该引起我们广大中学教师的思考和注意。

(二)直觉思维能力有助于培养学生的数学思维

1. 直觉思维有助于引导发散性思维

发散性思维不是盲目地发散,而一定要朝着有可能帮助问题解决的方向去发散。良好的直觉在此提供了很大的帮助。漫无边际的发散而缺少直觉的指引,就会误入歧途,处处碰壁。因此,发散性思维需要直觉指明方向,而直觉是发散性思维的航行灯塔。

2. 直觉思维有助于培养收敛性思维

寻找解决问题的可能性有赖于发散性思维,那么确定解决问题的必然性就有赖于收敛性思维。而从可能性到达必然性,直觉的作用同样必不可少。此时,直觉就像一个筛选器,帮助缩小思维的范围,减少一切无助于解决问题的猜测和干扰因素,直至锁定最终的方向和方案。

3. 直觉有助于提高观察的深度

了解事物和认识事物离不开观察。而通过观察,我们能从现象中探索规律,能从个体中寻求共性。在这认识由浅入深的升华和变化中,直觉起到了很大的作用。因为直觉使观察更加锐利而深刻,是观察的手术刀。

4. 直觉有助于联想的发挥

意象的联结是联想的实质，但只有经过直觉的指导，才能使相关意象叠合在一起，才能有效地完成联想。由于许多的意象在记忆中存储，有用的意象叠合联结起来，才能形成联想的有效性。而直觉可以提高联想的有效性。它就像联想的黏合剂，把相关意象黏合叠加起来，形成有效的联想。

5. 直觉有助于提高类比思维的准确性和敏捷性

根据事物某一部分的相似性去联想推导事物剩余部分的相似性就是类比。而或然性是类比推理的重要特征。结论或正确或错误，正是由于这一不可预知性，导致人们没有信心去类比，减少了类比的效度。若直觉参与类比，则会提高类比思维的准确性和敏捷性，增强人们通过类比思维解决问题的信心和积极性。

（三）直觉思维有助于创造性思维的培养

创造性思维与直觉思维关系密切，往往在创造性思维过程中，先运用直觉思维提出假设，然后用逻辑思维进行检验、论证。直觉思维所具有的革命性与独创性，正是创造性思维方式所需要的。

很多心理学家认为，直觉思维是一种潜意识行为，是创造性思维积极活跃的一种表现。它既是发明创造的先头部队，也是百思不解之后瞬间获得的硕果，在发明创造的过程中具有很重要的地位。比如，当阿基米德跳入浴缸的一瞬间，惊奇地发现浴缸溢出的水的体积和他身体入水部分的体积同样大，于是悟出了著名的比重定律；当达尔文在察觉到植物幼苗的顶端朝太阳照射的方向弯曲这一现象时，就猜想到幼苗的顶端一定含有某种物质，在阳光照射下跑向背光一侧，后经证明，这种物质就是植物生长素。

在学习过程中,直觉思维有时表现为提出奇怪的问题,有时表现为勇敢的猜想,而有时又表现为应急性回答,还有的表现为解决一个问题而设计出各种各样新奇的方法和方案等。为了培养学生的创造性思维，当这些直觉想象纷至沓来的时候，一定要认真对待,可千万别怠慢了它们。学生年纪小,感觉敏锐,记忆力强,想象力极其活跃,在发现和解决问题时,有可能会冒出突如其来的新观念、新想法,因此教师要及时捕捉学生的这些创造性思维火花,善于发展他们的直觉思维。

三、直觉思维的具体培养方法

(一)创造直觉思维产生的基本条件

1. 加深对基本概念和命题的理解,注重知识的结构化

布鲁纳的研究表明,在教学上强调知识的结构化与联系性,能有效地培养直觉思维。知识的结构化要求知识在头脑中形成一定的层次网络,以基本概念和原理作为网络的“结点”,具有知识内容重点突出、体系组织简明清晰、概念和原理之间的相互联系紧密、易于理解等特点,使头脑中的各种知识便于记忆和联想,具有灵活的迁移性。因此,在数学教学中,应抓住知识的本质联系,以基本概念和命题为核心,形成内在的知识网络结构。而过去有些教学模式倾向于注重学生对信息的接受和储存，忽视了对知识的加工和结构化过程,甚至有些教材的编写为了达到简明和规范的要求,往往压缩概念的形成过程,掩盖定理、公式和法则的发现过程,隐去思想方法的阐述过程,精简规律的提炼过程,这都不利于学生深刻理解各种概念和命题的丰富内涵。所以,在教学过程中,教师应该对教材进行一定的加工与再创造,适当介绍知识产生的背景,帮助学

生了解知识产生的来龙去脉,促进学生对知识间内在联系的理解;同时,在各种定理、公式的证明中,应注重思维过程的展示,使学生体验数学知识的形成和发展过程,积累思维活动经验。这些都有利于形成良好的结构性知识,从而为各种知识的灵活应用打下坚实的基础。

2. 营造有利于直觉思维发生的外部环境

要培养学生的直觉思维,就要营造有利于启发学生直觉思维的环境。简言之,就是指在课堂教学中,要为学生创造一个有利于群体交流的开放的活动环境,为学生与学生间、教师与学生间的思维活动的双向沟通提供广阔的空间。在合作讨论中,学生的思维见解、意志愿望、行为方式应受到尊重,既不能将学生的思维强行纳入教师的思维轨道中,也不要以教材内容来约束学生的思路,更不能用粗暴手段和语言中断学生的思维活动,这样有利于保持学生积极进取和自由探索的兴趣与愿望。

此外,对学生思维结果的态度也会直接影响学生进行直觉思维尝试的积极性,特别是对于思维结果中存在的错误和不全面的地方,不应嘲笑,也不要不予理睬,而应给予积极的评价和鼓励,引导学生的思维逐步深入。这样,在师生之间、生生之间不断地传递信息和接受反馈,给学生积极思维的环境刺激,使学生勤于思考、乐于思考,从而激发直觉思维的产生。

3. 渗透数学的哲学观和审美观

数学直觉思维的产生很大部分是基于对研究对象整体性的把握,而哲学观有利于学生从整体上把握事物的本质。这些哲学观包括数学中普遍存在的对立统一、运动变化、相互转化等观点。同时,

了解一些哲学中的辩证法思想，可指导学生辩证地对待思维中的感性与理性、具体与抽象、经验与理论。另外，辩证法还能帮助学生树立科学的直觉信念，使学生相信自己在经验的基础上产生的直觉判断，不因暂时的说不清楚等原因而轻易放弃。

此外，在数学教学中，注意引导学生感受、欣赏数学美，提高审美意识，对促进直觉思维的产生起着重要的作用。对数学美的感受和欣赏可以从数学内容和数学方法两个角度来进行。就数学内容本身而言，数学美主要表现在简单性、对称性、和谐性和奇异性等方面。例如，在解析几何中，不同的圆锥曲线——椭圆、双曲线、抛物线可以用统一的定义即“平面上到定点和到定直线的距离之比为常数 e 的动点的轨迹”来表述；在引进坐标后，这些曲线又可以统一于一个简单的极坐标方程 $p=ep/(1-e\theta)$，这充分地体现了数学关系内部的和谐统一。这些美的因素一旦与数学问题的特征相结合，学生就易于凭借已有的知识经验产生审美直觉。从数学中精美的图形、有趣的关系、和谐统一的简洁公式、命题或定理间的关联相似或对称奇异到一个习题赏心悦目的解法，甚至直觉感受和数学逻辑推理所得结果的反差所带来的惊异，都能唤起学生对美的体验。就数学方法而言，运用数学美学方法分析、解决问题，在解决问题中获得美感，则体现了数学审美教育更高的要求。例如，解题过程不再是套用现成的题型或模式，而是能运用数学思维方法与审美直觉，调动已有的知识经验来寻求解题思路，简化思维过程，比较最佳解法，并能将原问题进行引申与推广，提出新问题。这些对数学美的欣赏和理解都需要教师善于引导发现，唤起学生数学美的意识，逐步形成数学美的观念，使美感成为学生认识的强烈内部诱因，从而形成具有美感的数学直觉思维。

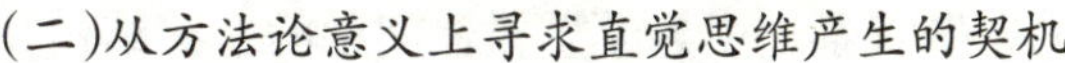

(二)从方法论意义上寻求直觉思维产生的契机

1. 重视整体分析，提倡大步骤思维

人们在分析问题时，往往有两种倾向，即整体式分析和分列式分析。其中，整体式分析注重对对象的整体把握，从了解问题的全貌出发了解各要素之间的关系；而分列式分析注重将问题分解成一系列子问题，然后一步步加以解决，即使把一些子问题联系在一起，也十分重视其逻辑顺序，在对一个问题的思考过程即将结束时，才能对所分析的内容有一个较为完整的看法。采用整体性分析的学生企图全面地了解对象，侧重综合考查，较多地进行合情推理和猜想，而不是拘泥于某一个细节。

例如，已知 $x>0,y>0,z>0$，求证：$\sqrt{x^2+xy+y^2}+\sqrt{y^2+yz+z^2}>\sqrt{z^2+zx+z^2}$。

分析：该题用常规的方法难以证明，若能从整体上进行思考，则问题容易被解决。首先，从整体来看，三个根式的结构都一样，而且字母轮换对称，于是易于联想到它的形式是三角形两边之和大于第三边；然后，从根式的内部结构 x^2+xy+y^2 想到余弦定理，而钝角三角形中120°角所对应的边刚好是该根式，而且三个120°角之和又刚好构成一个周角，于是在头脑中构造出整体的几何图形，使问题迎刃而解。

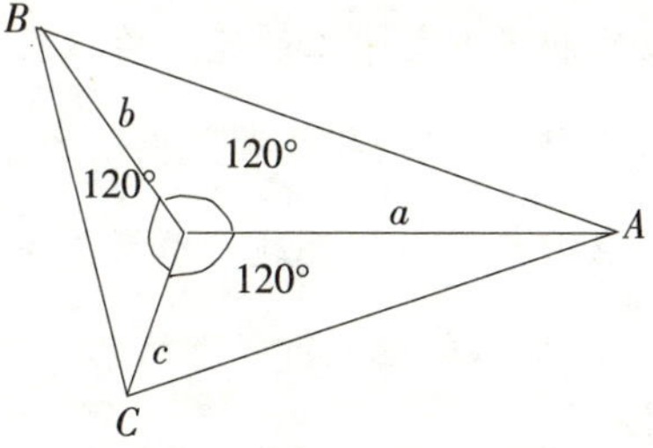

图 5-2　三角形

因此，在教学中，要树立学生整体把握和综合分析的意识，为学生提供丰富的问题背景，引导学生抓住问题的框架结构和基本关系，在整体分析的基础上，进行大步骤思维，使学生在具有相应的知识基础和已达到一定熟练程度的情况下，能够迅速地做出直觉判断，从而找出解决问题的方法。

2. 鼓励学生进行数学猜想

创造条件让学生猜想是培养学生直觉思维的一个重要途径。猜想是由已知原理和事实对未知现象及其规律所做出的一种假设性的命题。学生在猜想过程中，动用相关的知识经验，抓住事物的本质特征和内在联系，利用归纳、类比、变换条件等方法，对所研究的问题通过合情推理形成数学猜想，然后通过逻辑推理检验论证，在扬弃的过程中得到正确的结论。因此，教师应该给学生充分的思维活动空间，引导学生观察分析、大胆设问，让学生去猜想——猜想问题的结论，猜想问题的方向，猜想由特殊到一般的可能，猜想知识间的相互联系等，让学生成为学习的主人，发挥其思维的主动性，为直觉思维的发生创造有利的条件。

例如，求椭圆$\frac{x^2}{a^2}+\frac{y^2}{b^2}=1$上任意一点$P$(非长轴、短轴的端点)的切线和点$P$与中心的连线的位置关系。

分析：我们知道圆是椭圆的推广，而过圆上任意一点P的切线和点P与中心的连线的位置关系是垂直的(即斜率之积为-1)。据此，我们大胆地进行以下猜想。

猜想1：过椭圆$\frac{x^2}{a^2}+\frac{y^2}{b^2}=1$上任意一点$P$(非长轴、短轴的端点)

的切线和点 P 与中心的连线的斜率之积为-1。

证明：设 $P(x_0,y_0)$ 为椭圆上任意一点，则过 P 点的切线方程为 $\frac{x_0x}{a^2}+\frac{y_0y}{b^2}=1$（学生不难证明这一结论）。

而 $k_1=-\frac{x_0b^2}{y_0a^2}$，$k_{OP}=\frac{y^2}{x^2}$，所以 $k_1k_{OP}=-\frac{b^2}{a^2}$。

这说明我们的猜想是错误的，但是这并不影响我们探究的热情，因为我们得到了 $k_1k_{OP}=-\frac{b^2}{a^2}$ 为一定值这一让人满意的结论。

那么，双曲线 $\frac{x^2}{a^2}-\frac{y^2}{b^2}=1$ 是否具有这一性质呢？

由于椭圆 $\frac{x^2}{a^2}+\frac{y^2}{b^2}=1$ 与双曲线 $\frac{x^2}{a^2}-\frac{y^2}{b^2}=1$ 相差一个符号，所以我们进一步猜想。

猜想 2：过双曲线 $\frac{x^2}{a^2}-\frac{y^2}{b^2}=1$ 上任意一点 P（非长轴、短轴的端点）的切线和 P 点与中心的连线的斜率之积为 $\frac{b^2}{a^2}$（这一结论的正确性容易证明）。

此外，对于学生猜想的结果，教师不应急于做出好或坏的判断，而应要求学生在产生猜想的同时，根据自己或他人的反馈意见，对结果进行进一步的修正完善，使猜想更趋合理。这样，通过实践和训练，可以为学生提供大量的进行猜想和做出判断的机会。这是发展直觉思维能力的必要手段。

3. 鼓励多角度思考问题

多角度思考问题要求思维者能够从尽可能多的方面来考查同

一个问题，使思维不过分集中在问题的某一个方面或局限于某一种模式，以期获得多种解答或多种结果。在数学课堂教学中，概念的拓广、命题的引申与题目的灵活多解等，都是多角度思考问题的体现。例如，在命题的演变中，可以采取保留条件、深化结论、替换命题的条件或结论、类比推广命题、减弱条件、加强结论、特殊化、一般化处理等方式提出新假设，并在解题中可采取"一题多解""一法多题"与"一题多变"等方法。另外，还可以从横向联系的角度，将不同分支、不同学科的知识与方法交叉起来，用其他领域的知识与方法来解决问题。例如，从数学的不同分支如代数、几何、三角等角度去考查对象，甚至从物理学、生物学等有关原理、规律出发，利用事物间的相似性去模拟、仿造或分析问题，使思维者在横向联系中得到启发，从而使思维具有发现知识的开放性和解决问题的灵活性。在各种多角度的思考中，思维者通常较多地采用比较、类比、归纳和探索性演绎等方法进行猜测、想象和引申，在这个过程中，易于引发直觉思维。因此，教师应利用教材、习题中那些可引起多角度思考的发散点，根据学生的智力发展水平、教材内容的深度和广度要求，以及学习过程的阶段性，来选取适当的问题，使学生在教师的启发下，通过自己的思考，在主动获取知识的同时，促进直觉思维能力的提高。

4. 适当应用发现法教学

布鲁纳的发现法十分有利于培养学生的直觉思维能力。发现法可以使学生体验所学的概念、规律和原理的形成过程。可以说，它是一种再发现过程。在发现学习的过程中，树立假设或设想的阶段可以为学生直觉思维能力的训练提供广阔的空间。当然，有一点

我们应该明确，发现法并不排斥讲授法、讨论法等教法，我们通常的教学方法一般是组合型的。因此，结合教学内容和学生实际，选择适宜的教学组合将是明智的。

（三）从题型设计的角度出发，提供直觉思维实际应用的机会

近几年来，人们研究的开放型问题在数学教育中已充分显示出一定的作用。由于这种问题具有题目的条件是不充分的、解题策略是多种多样的、结论是不确定的等特点，所以学生在解题的过程中，往往可以形成积极探究和创造的心理态势，对数学的本质产生一种新的领悟。因此，开放型问题是开发学生直觉思维的重要内容之一。

此外，选择题也不失为培养直觉思维的好材料。解选择题由于不需要解题过程，只需要从几个答案中挑选一个，所以容许合情猜想。而人们常采用的直接挑选法、筛选法、考虑特征法、整体把握法等解选择题的方法无不含有直觉的成分。

例如，过抛物线 $y^2=4x$ 的焦点作直线，与抛物线相交于两点 P 和 Q，那么线段 PQ 中点的轨迹方程是（　　）。

A. $y^2=2x-1$　B. $y^2=2x-2$　C. $y^2=-2x-1$　D. $y^2=-2x-2$

分析：此题如果是直接求解，显然是小题大做，而且易出现计算错误。此时，可以从整体上观察四个选项。由于选项都是抛物线，所以结果应分为两类：一类开口方向与已知抛物线相同，一类恰好相反。然后，在头脑中想象出焦点弦的中点应在抛物线的内部，故所求轨迹的开口方向应与已知抛物线的开口方向相同，从而排除 C 和 D。接着，根据直觉，直接考虑抛物线中焦点这个特殊点，结合题

意,发现它在所求的轨迹上,所以将其坐标代入验证,即可得到正确的选项 B。

(四)从心理健康的角度出发,克服不利于直觉思维发展的心理倾向

由于直觉思维具有主观个体性的特点，所以即使面对同样的问题情境,不同的思维者因为伴随着不同的心理状态,自然会对问题产生不同的理解。因此,直觉思维的产生会受到个体当时的心理状态的影响。而不良的心理倾向极易阻碍直觉思维的产生,应当尽量克服。

1. 克服从众心理

从众心理是受群体压力而在知觉、判断、行为等方面保持与众人一致的心理现象。这种心理会使个体在认识上的独立思考能力下降,在行动上的自我控制能力减弱,人云亦云,循规蹈矩。因此,从众心理强的人在认知方面,表现为思维范围窄、思维深度浅、创新意识淡薄;在情感体验方面,表现为缺乏自信心、自卑、内心焦虑紧张;在人际关系上,表现为依赖性强、盲从他人、没有主见。所以,要培养直觉思维能力,就要克服这种不良心理,形成独立、自信、坚毅等心理品质,培养思维者对新事物敏锐的洞察力、思维的灵活性和深刻性。

2. 克服嫉妒狭隘心理

易于嫉妒、心胸狭窄的人常常会为一些小事斤斤计较,在思考问题时,总是沿着一个方向进行,思路闭塞,不知变通,因而往往导致思想僵化,墨守成规,不易接受新观点,而且还常自以为是。这种

不良心理不利于思维者与他人的交流反馈，容易破坏群体开放和谐的外部环境。所以，是否具有健全豁达的性格和灵活的思维方式,会直接影响直觉思维的产生。

3. 避免过分自我评价

过分自我评价包括自我评价过高和过低两个方面。无论是过高还是过低,都会降低人的智力活动效果和观察的敏感度,使好奇心与上进心减弱,兴趣范围变窄,视野缩小,意志力下降,从而影响个体思考问题的积极性。当个体处于这种不适当的自我评价状态时,无疑会对直觉思维的产生带来一定的消极作用,因此应注意进行合理的自我调节。

第六章　发展形象思维的学习方法

第一节　形象思维的概念界定

一、形象思维

(一)形象思维的提出

有关形象思维的理论已有很长的历史,而“形象思维”的提出却是在近一百多年前。无论是国外还是国内,人们对形象思维的研究都是从某些具体特性开始,再到理论上的概括,最后构成理论体系。俄国民主主义文艺理论批评家别林斯基首先把 “形象”和“思维”结合起来,鲜明地提出“形象思维”并对其做了具体而系统的论述。

(二)形象思维的含义

形象思维是人类认识世界的思维方式之一，在艺术创作中要用到形象思维，在审美活动中也要用到形象思维，就是在农民种田、工人做工、教师讲课、商人经商中,以及在科学研究、日常生活中,也都要用到形象思维,只不过使用的多少和具体操作情况不相同而已。

形象思维有不同的层次和类型。形象思维有广义和狭义两种。比如,艺术思维是狭义的形象思维,但它不是确切的形象思维。形象思维的真正含义比艺术思维更宽广，而艺术思维比形象思维更具体。形象思维不等于艺术思维,艺术思维隶属于形象思维,是最高层次的形象思维。广义的形象思维就是人们在对客观世界的认

识中，利用假象，运用形象，反映事物本质，揭示事物规律的思维形式。

（三）形象思维的特点

1. 形象思维在整个思维过程中都离不开现实的感性材料

原始的表象思维和日常的自发形象思维需要以现实的感性材料为基础，而艺术思维就更是这样了。在形象思维过程中，表象活动非常丰富。表象是客观物体反映在人脑中的具体形象，要经过一系列的映现、整合、加工和改造的过程。也就是说，表象的形成过程是主观思想情感与客观事物的相统一、客观事物的具体形象与内在本质的相统一、思维主体的感性认识与理性认识的相统一。在这个过程中，思维主体的认识从感性上升到理性，思维客体的外在和内涵都更接近主体。从思维材料来看，表象转化为意象，没有完全舍弃具体的感性材料，都是运用具体的形象进行的。

2. 想象在整个思维过程中具有非常重要的意义

形象思维最开始要用到想象，并且虚构的时候也要用到想象。在原始表象思维中，主观世界和客观世界相互作用，表象和表象之间的联结说明了所有事物都是有联系的，同时还与再造性想象有关。在日常生活中，我们会发生自发的形象思维，这跟形象联想和再造性想象有关。

3. 形象思维在整个思维过程中都会有较大的情感活动存在

原始表象思维都是要有固定的图形，然后通过观察之后形成，其中会带有强烈的感情色彩。同时，日常生活中自发的形象思维也会伴随情感，在艺术思维创作中则更需要创作者的个人情感。情感对艺术创作有强大的推动作用，因为情感来自艺术家对日常生活的查看、体会、再认识和审美能力。

二、数学形象思维

(一)数学形象思维的含义

数学形象思维是思维的一种形式，深深地体现着人类的智慧。数学思维有计算能力思维、逻辑能力思维与几何推理能力思维等，对于全世界的人类来说都是一样的。数学思维有与别的思维不一样的独特特征。

数学形象思维就是通过对数学对象的直观感觉，对其特点进行归纳、概括的心理过程。数学形象思维是独特的，需要人对它产生强烈的映像，之后内心产生强烈的冲击而形成。

(二)数学形象思维的心理元素

认识一种思维，首先必须认识、清楚它的心理元素。因为心理元素是最基本的东西。只有把数学形象思维的心理元素找出来了，才能真正透彻地研究数学形象思维。那么，数学形象思维的心理元素是什么呢?

数学形象思维的心理元素不是数学物体，因为数学物体仅仅是数学形象思维的物质基础之一，是存在于思维外部的。我们在思考数学问题时，一般都是很安静、很专注的，而不会大声说出来。只有在把问题思考透彻，找到问题的解决办法，得出问题答案或对问题有疑问时，才会说出来，或是百思不得其解时，把问题拿出来讨论。例如，有人这样说道："不仅是语言，甚至连代数符号对于我来说，也是同样的情况。只有在进行极为容易的演算时，我才使用代数符号，一旦问题很复杂，这些符号对我来说就几乎成为沉重的负担了，此时我就用完全不同的方式来表述思想。"

数学形象思维是一种心理过程,是由思维的主体自发形成的。当数学物体呈现在主体面前时,主体就会产生明显的感觉,然后再进入思维过程。在数学活动中,数学物体首先刺激人的感官,然后通过感官,人才会产生知觉,最后通过人的心理活动,把物体的外在表现出来。而知觉的形象是由物体的直接呈现所决定的,没有物体的直接呈现,就不会有知觉。但是,物体或远或近的呈现对知觉的产生是不一样的。近距离的物体呈现,知觉会强烈一些;而远距离的物体呈现,知觉会更弱一些。所以,知觉形象不是数学形象思维的心理元素。

数学形象思维的心理元素也不是形象的数学符号或数学图形,而是生活中活灵活现的东西映现在大脑中的模糊形象。数学表象是人脑对数学物体的各种结构特征进行概括而得到的反映主体主观意念的形象,所以它具有形象性,但这种形象不等于数学物体表象,也和知觉的形象不相同。数学物体表象不受数学物体的限制,主体可以对数学物体表象进行比较适合自己意愿的加工、组合和改造。

从以上说明我们可以看出,数学表象是数学形象思维的心理元素。

按所给材料内容划分,数学表象包括图形表象和图式表象。其中,图形表象是几何图形在人脑中感知而形成的表象,而图式表象是数学式子、关系式等在人脑中感知而形成的表象。

从思维创造性来划分,数学表象包括记忆表象和创造表象。其中,记忆表象是指人脑对现有图形的直接经验,而创造表象是人脑对现有图形的主观经验。创造表象高于记忆表象,以记忆表象为基

础，与想象力有很大的关联。在解决数学问题时，创造表象往往起决定作用。同时，想象力丰富的人往往创造表象更深刻。而记忆表象一般都是从比较具体的形象的图形、公式、法则、定理等出发，在人脑中留下深刻的直接的印象，是比较具体的，之后才需要学生来慢慢体会和理解。创造表象就比较抽象，首先要求学生要理解，然后在此基础上进行归纳和概括。它有一个从一般到抽象，再反过来从抽象到一般的过程。从具体到抽象是解决数学问题的常用方法，抽象的程度不同，学生的心理过程与产生的创造表象的结果也往往不一样。

从构成这方面来划分，数学表象包含单象和复合象。其中，单象就是单个的数学表象，是最简单的表象。单象的属性就是单个事物所具备的形状和本质。例如，单一的点、线、面在人脑中反映的表象就是单象。而两个或两个以上图形的单象的组合就是复合象。复合象依组合形式的不同可分为两种：一种是直线型的组合。比如，当我们看到用符号语言表达对象——“一个三角形内接于一个圆中”时，就会产生由一个三角形的表象和一个圆的表象组合成的复合象，这个复合象如图 6-1 所示。

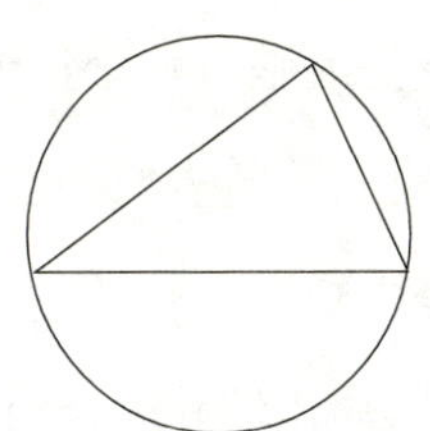

图 6-1　复合象

另一种是抽象型的组合。比如，“数学变换”就是由一些“恒等变换”“映射变换” 等单象经过抽象性的组合而形成的复合象。不

过，单象和复合象的划分只是相对而言的，可以互相转化。从整体上看，复合象可以看作单象，而单象有时也可以看作由其他的单象组合而成。所以，数学表象具有可分性和整合性。这使得数学形象思维有多种形式的表现，丰富多彩。

从层次结构来划分，数学表象包括低级表象和高级表象。例如，恒等变换就是低级的数学表象，而映射变换、化归思想、方程方法等数学思想方法就是最高级的数学表象。

(三)数学表象的特点

数学表象的主要特点是形象性、抽象性、主观灵活性和创造性。

1. 形象性

数学表象是人脑对数学物体表面的反映，是数学活动在人心中的表现。由于物体有形象，所以数学表象有形象性的特点，只不过它在人脑中比较模糊，不比具体事物那样清晰、明朗。数学表象的形象性多种多样，数学定义、命题、公理、定理、公式、法则抑或是推理论断，都有其在人脑中的整体形象，如果从不同的角度去观察它们，那么又会产生各种的不同形象。

2. 抽象性

首先，由于数学表象是人脑对数学物体表面的反映，再加上数学具有抽象性的特点，所以数学表象必然具有抽象性的特点。其次，由于数学表象主要是由视觉和知觉共同作用产生的，同时在认知的基础上通过分析、理解、比较和综合，具有抽象的功能，所以数学表象具有抽象性的特点。再次，由于数学表象存在层次性，即从低级的具体的记忆表象到高级的抽象的创造表象，所以数学表象具有抽象的特点。但这种抽象跟数学语言的抽象不同。形象的抽象

是一个心理表象的形成过程，而数学语言的抽象是在形象抽象之上的再抽象,即将数学表面形象转化为用数学语言表达,这表现在数学表面,形象跟思维主体是分离的。

3. 主观灵活性

数学表象是人脑对数学物体表面的反映，以个人过去累积的经验为基础。除了固定不变的图形或实物模型的表象以外,数学表象是自有的、会变化的、不够清晰的,在进行交流时会变得比较困难。数学表象相当于存在人脑中的一幅若隐若现的“图画”,由于人脑是一个高度发达的动力系统，所以它能灵活而快速地把它们重新进行组合并互相转化。因此,数学表象具有主观性和灵活性。

4. 创造性

数学表象是建立在继有的知觉基础之上的。由于大脑中储存着大量的形象信息,所以数学表象具有灵活易变化的特点,能对那些储存的信息进行各种各样的类比、比较、分析、选择、再加工等,从而使我们不再是死板地解决问题。许多案例表明，我们在做题时,不能过分依赖现成的数学语言或符号,也不能过分依赖现成的经验,否则思维就会停滞不前。课本上的数学概念都是前人经过实践检验证明的公认的结果，通常来说，给我们的印象是不能改变的。而我们在用数学语言来推理已知和未知之间的关系时,数学表象就会很活跃,会帮助我们产生各种各样的解题方法。所以,数学表象具有创造性的特点,能为学生创造力的发展提供良好的条件。

(四)数学形象思维的形式

钱学森教授称形象思维的研究是“思维科学的突破口”。一些思维科学研究者把抽象思维称为“狭义的思维”,把形象思维称为

“广义的思维”,并提出“表象是形象思维的基本元素”。在思维科学研究中,形象思维的研究是一个十分重要的课题。

1. 表象是人的大脑对于以前刺激感觉器官的各种事物的形象反映

个别表象是人脑对某个具体事物形象的再现,而一般表象是人脑对某一类事物形象的再现。数学表象则是人脑从具体事物中,通过对其形式结构特征进行概括而得到的形象。例如,乒乓球、足球、篮球、排球的形象在大脑中出现时分别是不同的个别表象,而从这些球类中概括出来的一般的球形就是球类物体的意识性形象,不过在这些形象中,起决定作用的是构成球形的那些弧形线条,这就是数学表象的一种。其实,各种几何图形的表象就是对客观存在的现实事物进行概括的由最基本的几何图形的点、线、面所组成的整体映像。这种概括是人脑对几何图形的多角度的整体概括,跟直线型的抽象的概括所形成的映像不同。比如,数学中的平面图形三角形、四边形等形象是人脑对日常生活中各种各样的具有类似三角形、四边形的物体形状而创造出来的形象,是对具体的物体形象进行再加工和整合形成的。而知觉形象是人脑对客观物体初次的直接反映。这些形象在头脑中再现时的表象就已经是这个事物的间接反映,是通过人脑对这些事物进行加工、概括之后的特征。知觉超出了直接感性认识的范围,达到了对事物本质特征和对事物多角度的全方位的认识,并且这种本质认识是通过人脑筛选和加工过的具有主体观念性的形象。所以,数学形象思维的基本元素是数学表象。形象思维从最原始的表象思维开始,人脑可以对几何图形等进行不受限制的多种形式的加工和组合,还可以渗透

进逻辑思维，对各种各样的表象进行类比、比较与分析，从而得到各种程度不同、类别不同、深度不同的具有概括性特征的表象，形成表象系统。

表象有两个重要的特征，即直观性和概括性。其中，直观性是指表象中出现的事物形象比较生动逼真，很接近客观事物本身。比如，当大脑中出现几何图形时，我们就好像见到真实的图形一样。但是，这种直观性是在大脑中间接出现的，出现的形象比较模糊，不如我们肉眼直接看到的那样清楚、明显。同时，也不够全面，不比知觉反映出来的完整。另外，它还比较容易变化，不比知觉反映出来的形象稳定。而概括性是指表象中的具体内容，是综合相同类型的几何图形的共同的表面特征的结果。例如，在数学中碰到判断二次函数的系数 a,b,c 的值对图象位置的影响时，大脑中就会出现一个一般二次函数的图象，即示意图的形象。由这个具有概括性的图象，结合具体的 a,b,c 的值，就可以确定图象的位置。

数学表象思维的载体是客观实物的原型或模型，以及各种几何图形和代数因式，包括数学符号、图象、图表与公式等形象性的外部材料。它们在人脑中内化为表象时，可分为两种基本类型：图形表象（或几何型表象）与图式表象（或代数型表象）。不过，有时还呈现为混合型状态。其中，图形表象是头脑中的示意图与实际的几何图形相一致的形象。比如，说到三角形、正方形、长方体等概念时，我们的大脑中就会浮现一般的三角形、正方形、长方体等形象。而图式表象是大脑中浮现的与外部的数学式子相一致的模式形象。例如，一次函数的一般式的图式表象是 $y=kx+b(k\neq0)$，而比例

式的图式表象是$\frac{a}{b}+\frac{c}{d}(b\neq0,d\neq0)$。

在数学学习中,一般都存在表象思维。比如,在几何内容的学习中,一般都要使学生能从复杂的几何图形中辨别出基本的几何图形,抓住图形的基本特征与特定的几何关系,形成正确的表象,并辨识不同关系之间的表象;在代数内容的学习中,应重视各种代数表达式和数学语言、数学符号等所包含内容的表象。所以,在数学教学中,不仅要发展学生的表象思维,还要培养学生形成表象思维的空间想象能力。

数学学习中表象思维的一般过程:

第一,由具体实物或几何图形的模型、数学关系式等抽象出它们的空间形式,在大脑中归纳成整体形象,就形成图形表象或图式表象;

第二,由数学表象外化,反映出相应的实物或几何图形的模型、数学关系式等,并能根据它们画出草图或示意图;

第三,由草图或示意图分析得出解决问题的方法;

第四,根据题目给出的条件,用数学语言或数学符号,画出或做出图形,并得到相应的解答过程。

以上过程表明表象思维是一个循序渐进、逐步深化的过程,也是培养学生空间想象能力的大好时机。在此过程中,既要运用逻辑思维进行表述,还要运用形象材料进行思维演算。

比如,我们学习了各种四边形,包括普通的四边形和特殊的四边形。经过一段时间的训练之后,学生在大脑里对这些事物的印象就比较深刻了。所以,有时在解答有关这些图形的问题时,可不必

画图，就获得解决方法。再比如，学习了分式和分式的各种运算之后，再学习解分式方程，学生会混淆。这时候，需要教师将它们之间的区别和算法讲清楚。以后，学生遇到分式的运算，会在脑海中浮现出不能用解分式方程的方法来做。

2. 直感是运用表象对具体事物的直接辨别和感知

数学直感是在数学表象的基础上，对有关数学事物进行辨别和感知。形象思维的判断活动与抽象思维不同，不必以概念为中介，甚至不必以语言为中介，只需将储存在大脑神经化学网络中的理性意象（即一般表象）与特征相应的某一事物的感性映象比较一下，便能直接做出判别。在数学中，对于直观几何图形的识别，即使没有抽象思维的运用，也可以根据已知知识进行有效判断。例如，对于一个没有学过几何的人来说，他也能根据以前对类似物体的表象记忆，判断出一个物体应该属于哪一类。形象特征判断是根据具体的个别形象，用一般性的概括所得出的判断。这种判断既有整体形象的分解，也有个别形象的整合，是形象思维规律直观感知的过程。

直感与灵感不同，直感是显意识，而灵感是潜意识。直感与直觉也不相同，直感是侧面判别整体形象的直觉，而直觉的主要内容在于运用逻辑思维，运用所学知识对要解决的问题进行分析，以便能快速找到解决问题的方向或途径。直觉的范围比直感的范围大，而直感是形成直觉的基础。数学直感有好多种不同的形式，主要有形象识别直感、模式补形直感、形象相似直感和象质转换直感。其中，前两种是简单直感，后两种是复合直感。

(1)形象识别直感

形象识别直感是用数学表象这个普遍形象的特点去跟具体数学对象做比较,然后来判别它们是否本质相同的思维形式。数学中的形象识别主要表现在图形位置变换后、数学式子变式后学生能再辨认,以及在图形整合后,学生能从中分解再辨认。比如,数学中常用的变式教学就是形象识别直感的应用。在数学解题中,形象识别直感对培养学生的思维有着明显的作用。因此,在数学教学中,要通过变图、变式的训练,来提高学生形象识别直感能力。

(2)模式补形直感

模式补形直感是利用已在人脑中建构的图形模式，对具有相似特征的数学对象进行表象补形,然后再重新组合的思维形式。这是一种由部分形象去推测整体形象，或由残缺不全的形象去补充成完整的形象的直感。在数学解题中,我们常用的割补法就是这种模式补形直感。大脑中的表象内容越多,那么在解决数学问题中的补形能力就越强。比如,在几何问题中,很多题目是需要通过添加辅助线才能解决的，此时补形直感会引导我们使用添加辅助线的方法。此外,在代数问题中,也有补形的解题方法。比如,由配方法 $x^2+4x+y^2-8y+17=(x+2)^2+(y-4)^2-3$ 可知，当 $x=-2$,$y=4$ 时,$x^2+4x+y^2-8y+17$ 有最小值-3。

(3)形象相似直感

形象相似直感是由形象识别直感和模式补形直感组合而成的复合直感。当大脑进行识别形象,而在大脑中找不到以前存在过的本质相同的表象，又不能通过模式补形直感进行重新组合已有图形时，我们就会在大脑中选择出最接近我们所需目标的已存在的

表象或模式来进行识别。通过比较各种形象特征的相同点与不同点，来判断它们的相似程度，并且进行恰如其分的形象思维的加工与创新，使新的形象和原有形象相结合，构成一个完整的链条。这就是解决数学问题中所说的转化与化归思想。

形象相似直感中的形象相似可以是多方面的。数学中解决问题的很多思想，如类比、比较、猜想、联想等，都是要以形象相似直感为基础的。大脑中图形或图式表象系统越丰富，相似意识的程度就越高，数学形象相似直感也就越敏捷。

(4)象质转换直感

象质转换直感是利用数学表象的变化或差异来判别数学对象的质变或质异的形象特征判断。表象都是数学对象本质的外现，象变反映出质变了，象异反映出质异了。数学活动中，通过图形图式表象的变化可判别数学对象性质发生了变化，能够将数学表象和对应的数学性质之间形成一个动态关联的平衡系统。在教学活动中，能充分理解图式是图形的解析化、数学性质的形式化，图形图式和数学性质就是象与质的关系。因此，要加强引导学生对图形语言、数学语言和符号语言的互译训练，要加强象与质的交叉训练，加强表象的动态变化引起数学性质的质的变化的动态平衡训练，同时加强数学性质本质的动态变化引起表象的动态变化的平衡训练，进而增强象质转换直感的准确性和动态平衡系统性，来提高数学形象思维能力。

数学形象思维过程是一个表象充分运动和变化的过程。在这个过程中，表象可以进一步得到提炼和升华。此时，数学问题本身的特征和原有规律就会昭然若揭。所以，要开发学生的智力，就要

从培养学生的数学形象思维入手。因此,研究与形象思维有关的课题,就显得越来越重要。

第二节　形象思维的研究概述

一、国内外研究现状

20 世纪 30 年代,“形象思维”这个概念从苏联传入我国;50 年代以后,形象思维在我国引起了较大规模的争论,形成了肯定论和否定论互相割据的局面;80 年代以后,我国著名科学家钱学森提出了建构思维科学的设想,从而将形象思维的研究归入思维科学的范围之中。从此,人们不再怀疑形象思维,对形象思维也抱有肯定的态度。同时,人们逐渐广泛地开展多种学科的综合研究,并对形象思维的本质、特征与形式等问题进行了更多有益的探讨,取得了一系列瞩目的成果。

20 世纪 70 年代开始,我国又出现了“数学教育教学的实质就是数学思维能力的培养”的观点。这对我国数学教育教学,尤其是中学数学的教育教学,产生了深远的影响。1996 年,高中数学教学大纲第一次将培养数学思维能力放在各个能力的前面。

自实行课程改革以来,数学专家和教师就越来越重视数学中形象思维的研究。徐利教授将形象思维分为几何思维、类几何思维和数觉三种类型,其中几何思维是指最直接的形象思维,类几何思维指的是可以借助几何图形进行想象的较为间接的形象思维,而数觉指的是可以借助数学式子进行想象的间接的形象思维。徐有

政则将形象思维分为直观、经验、创新和意会四个层面。虽然数学教育界已有对数学形象思维功能的初步阐述，但到目前为止对这方面的较为细致的分析理论还很少。近些年来，数学教育界比较一致的看法是，数学思维的重要组成成分是数学形象思维，而数学形象思维要借助图形或式子，并用视觉观察其形象来进行思考。数学形象思维的基本物质基础是相关的数或形的形象。

苏联数学家柯尔莫哥洛夫指出，数学家总是尽量把要研究的问题转化成能观察的几何图形或数学式子。目前，数学教育界大多是通过研究形象思维来提高学生的数学解题能力的。因此，这就限定了形象思维的教育功能。不过，这些弊端已经被很多数学家意识到，也在努力改善这些弊端，以促进形象思维的更广泛的应用。

二、当代发展高中学生形象思维的意义

(一)有利于加深学生对数学知识的理解

由于数学知识本身的符号化特点，所以学生在学习的过程中，对于数学概念、规则、定理、公式等高度抽象的知识把握不准确，理解不深刻，记忆不持久。但在传统教学中，教师多重视定理、公式等的具体应用结果，而对于概念、规则等的由来，没有充分地讲解，所以使得套用公式、死记硬背等解题方式占据了学生大量的学习时间，却没起到应有的效果。

在数学知识的传授过程中，培养学生的形象思维，展现数学发现的过程和数学规律对应的形象，是加深学生数学知识记忆和理解的有效方式。例如，给学生讲解六面体展开图时，先让学生两人一组，自制一个六面体，每一面标记上不同的数字，再分别展开观察，纠正思考中出现的错误，如此学生就能深刻地记住这一个知识

点。又如，在给学生讲解立体几何中的异面直线时，可以拿出一个立体模型，模型内部有一条内切面对角线，如图 6–2 所示的直线 a，而学生在观察后进行想象，就能很快得到一个正确的形象，完成从平面向立体的跨越。经过这样形象思维的培养，学生在回忆所学知识时，总能找到对应的形象，或体验过程的场景，从而加深理解，便于活学活用。

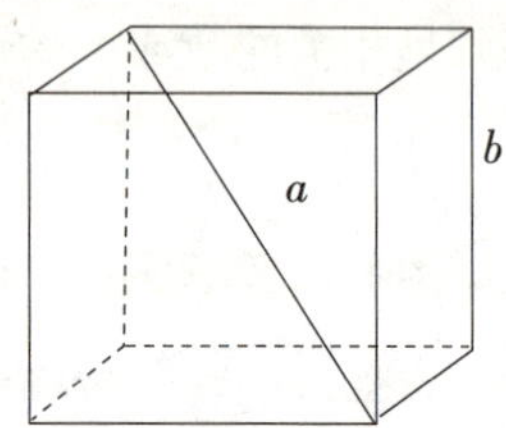

图 6–2　立体几何中的异面直线

（二）有利于增强学生对数学知识的记忆

钱学森教授指出，逻辑思维是直线型的，是一维的；而形象思维是多层交织的网，是多维的。在数学领域特别是高等数学中，作为形象思维“细胞”的各种意象图形，不是平面的，就是立体的，有强大的储存能力。不论是数学对象的整体形象信息，还是内在的多层次联系，不论是概括的各类语言信息，还是超过语言表达范畴的信息，都能完全地存储下来。如果说抽象思维的记忆是一条省内高速路的话，那么形象思维的记忆就相当于全省水、陆、空交通运输网，存储和提取速度都不可同日而语。因此，培养学生的形象思维能力，学生不仅可以存储大量的信息，而且还可以快速地提取需要的信息。比如，函数的定义域、值域、对应法则，函数的单调性、周期性、奇偶性，简单初等函数等很多数学概念，都有其对应的函数图象，需要提取时，图象会立即浮现在眼前。这样利用形象思维，就能记得又快又牢，并且印象深刻。

(三)有利于激发学生的数学学习兴趣

数学常被学生称为最难的学科，原因之一就是学生只看到了数学抽象的一面,认为数学枯燥乏味,于是失去了学习数学的兴趣。实际上,在形象思维的帮助下,数学能展现出其独特的魅力。比如,在学习特殊角的三角函数值时,任意画一个30°的直角三角形,对边总是斜边的一半。把它运用到实际中,可以发现很多有趣的现象。同时,两个这样的三角形拼在一起,就是一个等边三角形。又如,在教授诱导公式时,有六组基本公式需要学生记忆,如果对其形象和规律有较好的把握,那么就可以按口诀来记忆——“奇变偶不变,符号看象限”。学生在口诀和形象的对应练习下,能够很快掌握。所以,在数学教学中,要着重恢复数学问题的本来面目，让学生学会运用形象思维去解决问题,发现数学世界中的美,让学生感觉到数学是贴近生活的,是充满想象力和创造力的,从而对数学产生浓厚的学习兴趣。

(四)有利于促进学生抽象思维能力的提高

在科学思维中,抽象思维的方法在认识过程中,因其多以概念、判断与推理为主,所以不易被理解。同时,抽象思维可以省略科学发现的过程,间接概括地反映世界。学生在学习过程中,若只是刻意记忆与机械推理,那么虽然也能得出正确结论,但这样的思维方法将影响学生后续知识的学习和理解。如果在讲解每一个数学概念时,都能运用形象思维的方法,或给出与概念相对的具体形象,或让学生体验科学发现的过程，那么留在学生头脑中的就不仅仅是一个抽象的符号。比如,在解函数问题时,每个具体的函数都会对应直角坐标系中的一条直线或曲线,因此有些问题一旦借助辅助简图,答案就会一目了然。此外,数学概念本身存在着形象思维和抽象思维的辩证统一,

在形象和过程的帮助下,学生对概念的认识会生动而深刻。这样在解决数学问题时,就能在明确问题内涵和实质后,充分发挥抽象思维的优势,顺利高效地解决问题。若少了抽象思维,形象思维就达不到问题的本质;若少了形象思维,抽象思维就发挥不出实践的光芒,所以在发展形象思维的同时,抽象思维能力也可以得到发展。

(五)有利于促进学生创新思维能力的提高

在对人脑的研究中,美国心理学家斯佩里指出,左半球主要用于抽象思维,右半球主要用于形象思维。右侧脑半球的记忆容量大约是左侧脑半球的100万倍,具有惊人的识别能力。一个人是否聪明,在很大程度上取决于右半球功能的发挥。在具有高创造力的科学家中,70%以上的人的优势脑在右半球。由此可见,在创造意识、创造思维和创造能力的培养方面,右脑占有极大比重。但在以往的教学过程中,我们更多的是注重左脑半球的开发。不过,现在需要发展形象思维,所以要开发右脑,培养和发挥创造潜能,造就左右脑并用,更加聪明富于创造的新一代。

英国心理学家沃勒斯认为,单纯分析创造活动的形成过程,一般可分为四个阶段,即准备期、酝酿期、明朗期和验证期。在这四个阶段中,第二阶段的思考与假设、第三阶段的灵感与直觉都主要依靠形象思维来进行。随着学生形象思维能力的提高,酝酿期和明朗期的创造思维活动水平也在不断提高,进一步推动创造力的发展。比如,爱因斯坦的教师——闵可夫斯基具有极强的形象思维能力,在三维空间形象的基础上,大胆发挥想象,把时间看作一个坐标轴,这样就出现了一个四维空间,这为后来的相对论提供了理论基础。欧拉在解决哥尼斯堡七桥问题时,运用形象思维,把七座桥以

及连通的陆地形象进行简化和想象，经过多次试验，发现将陆地形象以点来代替，将桥用连接点的线来代替，就可以得到一个连通图，从而把解决“七桥问题”转化成解决连通图能否一笔画出的问题，为现代数学的一个分支——图论做了开创性的工作。

(六)有利于促进学生利用数形结合解决数学问题能力的提高

所谓数形结合，就是把刻画数量关系的数和体现形象直观的图形相结合，即在解决实际问题时，或把数量关系转化为对应的几何图形、图示图表，根据图形之间的关系，找出数量之间的联系来求解，或把图形间的特定关系转化为相关对应的数量，通过逻辑运算，深入研究几何图形的性质和规律。培养形象思维，可提高学生理解几何图形、运用几何图形的能力，提升应用数形结合解题的转化效率，增大解题的成功率。数学家华罗庚先生曾在谈数形结合时，提到数量关系如果没有图形作为参照就会缺少直观的感受，而几何图形如果不联系数量进行运算就不能细致入微地发现本质。随着形象思维能力的提升，学生在进行数量关系运算和几何图形求解时，就能够运用数形结合方法，发扬形之优、数之长，大大简化问题的复杂程度，提高学生的空间思维能力。

三、数学形象思维的思维过程

数学形象思维的思维过程可概括为主体通过观察、实验等手段获得关于客观事物的表象信息，然后结合数学对象的本质属性，以联想、想象等方式，洞察数学结果和关系，再以抽象、概括的方法加工成为描述事物内部规律的一系列意象。

(一)建立数学表象

表象是人脑对以前刺激于感觉器官的各种事物的形象反映。

数学表象是人脑对具体事物的形状、特征、结构进行概括得到的数学形式的形象。例如,粉笔盒、魔方、方糖的形象分别以不同的个别表象在大脑中储存，而从这些实物中概括出来的几何图形——长方体就是这类空间物体的意识性形象。在这些形象中,起特征性决定作用的是构成长方体的那些棱和顶点,这就是一种表象。

数学表象分为外在表象与内在表象。外在表象是浅层次的表象,体现为图形的、原型的、模糊的,包括模型、图象、图表、数表、整个数学符号系统以及计算机荧光屏上可以显示有变化的图像、图表等。例如,在学习直线和圆的位置关系时,直线和圆在我们头脑中的图形就是数学的外在表象；在研究足球表面的正五边形和正六边形时,足球在头脑中的形象反映也是外在的表象。外在表象要依靠主体在主观上对客体的理解才能发挥作用。而内在表象主要是指心理表象，是深层次的表象，一般情况下与概念定义紧密融合，与思维中内部言语相连的是对概念的整体直觉的、概括的反映,有些难以言表。它不大可能被直接考查,只能从主体在处理数学问题时的种种表现来推断。大多数情况下,内在表象要依靠外在表象的方式加以描述。当形象性的外部资料,如几何图形、代数因式等转化为内在表象时,可分为两种基本类型:几何型表象(又称图形表象)与代数型表象(又称图式表象)。几何型表象是实际的几何图形与在头脑中的示意图相一致的表象。比如,说到三角形、正方形、长方体等概念时,我们的头脑中就会浮现一般的三角形、正方形、长方体等形象。而代数型表象是在头脑中浮现的与外部的数学式子相一致的模式形象。

数学形象思维的基本元素是数学表象。数学形象思维从最原

始的数学表象开始进行,人脑对图形和图式等表象进行比较、分析及不受限制的分解和整合等加工,期间有时还渗透着逻辑思维,从而得到各种不同种类、不同深度的具有概括性特征的表象,形成表象系统。当人们在进行数学形象思维时,在表象系统中找到对应的表象就可以了。

在数学形象思维中,表象占有重要的地位。表象不同于感知,不是当时直接由现实对象作用于感官而引起的,而是过后发生的,是以往感知过的事物的形象在人的意识中的复现。数学表象常常以反映事物本质联系的特定模式——结构来表现。

关于表象,有人认为它是一种从感知到思维的过渡形式,是对感知材料进行初步概括的结果,就其本质仍然属于理性认识,是由感性认识过渡到理性认识的纽带。在数学形象思维的活动中,它对是否能够对数学表象正确地表述起着重要的作用。例如,数学里的平面三角形、四边形等形象是人们依据日常生活中的具有类似三角形、四边形的物体形状而创造出来的形象,是对具体的物体形象进行加工和创造而形成的形象。

(二)产生数学联想

数学表象仅仅是数学形象思维活动的开始,要更深入地延伸数学形象思维,还要借助联想。形象地说,联想就是将头脑中相分离的表象联系在一起。从广义上来讲,就是由一个事物想到另一个事物的思维活动(或心理活动)的过程。在数学形象思维中,联想是指由一个数学表象想到另一个数学表象的数学思维活动(或心理活动)的过程,即将记忆中的数学表象联系在一起,从而想象到另一个数学表象,达到揭示数学问题的内容和本质的目的。巴甫洛夫

指出:“联想就是神经联系……可以由前感知的事物回忆起有关的另一事物,或者由所想起的某一事物又想起了有关的其他事物。”古希腊哲学家亚里士多德在《记忆与联想》一书中指出:“我们的思维是从与正在寻求的事物相类似的事物、相反的事物或者与它相接近的事物开始进行的。以后,便追寻与它相关联的事物,由此而产生联想。”因此,我们可以将联想方法分为三种形式。

1. 接近联想

接近联想就是依据事物的空间形态或性质的相近性，由一种事物联想到另一种事物。例如,椭圆和双曲线都属于二次曲线,其概念和一般方程的表达形式都非常接近,因此易于形成知识块。通过相似性质的联想,能使学生对二次曲线的本质加深认识,有利于帮助其迅速、准确地解决问题。

2. 相似联想

相似联想是通过对某一事物在形态或性质上的认识，而对相似的另一事物的联想。相似联想需要借助对某一类事物的认识。它不局限于本学科,可以由数学的一个分支联想到另一个分支,甚至是物理、化学等其他学科。例如,由“任意角的概念”可联想到齿轮的转动、跳水运动员的自由转体动作等。

3. 对比联想

对比联想又称为相反联想,是一种逆向思维的形式,是由当前事物联想到具有相反关系或对比关系的另一事物。在数学思维活动中,对比联想被广泛应用且意义重大,在一定程度上体现了思维的灵活性。例如,通过“余弦函数的图象和性质”与“正弦函数的图象和性质”的对比学习,不但使前者学习起来更加容易,也使后者

在一定程度上得到了巩固和提高。

联想可以不断丰富大脑中的数学表象，而正是由于有了联想，数学表象的层次才得到了逐步加深，使人们能够在各种各样的数学问题表象中发现它们的相同点与不同点，从而认识到问题的本质。

(三)进行数学想象

想象是人受到客观事物的影响，对大脑中已有的表象经过重组和创造，产生新表象的一个心理过程。想象不但可以提高形象思维的可感知能力和思维能力，还可以增大其表象的丰富度。想象带有一定的非理性因素，可以激发人的思维灵感，许多科学的发现都受益于想象的创造性。康德认为“想象力具有创造性的认识功能”，而理论观念的建立则需要有创造性的想象力。

想象是在联想的基础上对原有的数学表象进行加工，从而创造出来的新表象的一种思维活动过程。它是以记忆表象为原始思维材料，然后进行加工、重组、创造，以形成新的形象而出现的一种思维活动，其中创造性是其最为显著的特点。由于想象具有独立性、新颖性和创造性等特点，所以可以将想象分为以下两种。

1. 创造性想象

创造性想象是依据一定的目的、理论和任务，创造出崭新形象的一个心理过程。想象引导我们发现新的事实，而且激发我们创造更多的结果。创造性想象对我们发现新理论、新事物都有着重要的作用。恩格斯称微积分为“想象的数量”。列宁也曾经说过：“在数学上也是需要幻想的，甚至没有它就不可能发明微积分。”爱因斯坦在创造狭义相对论的过程中也幻想过人以光速运行，在建立广义相对论时又同样设想过光线穿过升降机的时候发生了弯曲。

2. 再造性想象

再造性想象是以已有的符号、图样、图解以及相关形象材料为依据，经过组合和创造形成新形象的方法。这种新形象可以从两方面来理解：一方面，曾经存在过或者现在还存在着，但是我们在实践中没有遇到，因此对我们来说是新的；另一方面，也包括个人知识和理解能力的创造成分。学生在学习数学的过程中，多数归于再造性想象，这也是理解和掌握数学知识不可或缺的条件。

从以上论述中可以看出，联想与想象是既有区别、又互相联系的两种思维方法。两者之间的区别在于联想是通过对原有形象的连接，从原有事物的联系中把握新事物，是对原有事物的简单利用得出新事物；而想象是通过对原有事物的分解、重组与创造，运用新的方法去把握新事物，是对原有事物的加工和改造。但是，丰富的想象脱离不了丰富的联想而单独存在，仅仅依靠联想也不能独立完成整个思维任务，还要把联想提高到想象层次，而联想也只有推向想象，才能达成思维的新结果。

(四)形成数学意象

意象是指在数学形象思维活动中通过联想和想象对数学表象进行加工，得出结果，在数学表象的基础上形成的新的高级的数学形象。意象在数学形象思维中的地位就如同概念或推理在数学抽象思维中的地位，它们在各自思维中具有同等作用。在数学抽象思维活动中，数学概念、推理和判断是通过思维来加工的，运用了综合、分析等逻辑思维的方法，从而得出了新的概念、推理与判断。在数学形象思维活动中，思维加工的对象是数学表象，加工方法是联想和想象等形象思维的方法，其加工结果是形成意象，即新的数学

表象。在同一数学形象思维过程中，意象是表象的高级形式，但它又可在下一次的数学思维活动开始时作为表象出现。因此，在整个数学形象思维体系中，意象与表象是可以重合的，具有相同的性质和特征。在此，我们就不过多赘述。

综上所述，数学形象思维就是表象的运动和变化的整个过程，同样也是数学表象提升到意象的升华过程，正是由此来揭示数学本质和规律。数学形象思维问题还需要我们进行更深层次的研究与探索，它对培养学生的数学思维能力、发挥数学教育的功能，甚至发展数学科学、发掘学生智力、不断完善人们的思维都起着举足轻重的作用。

第三节　发展高中学生数学形象思维的具体教学策略

一、数学学习中培养学生数学形象思维能力的作用

（一）能很好地提高学生对数学知识的记忆、理解和运用

有效学习新知识离不开形象思维。在心理学研究中，20 世纪 60 年代初，开始出现先行组织者理论。先行组织者理论是指学生在学习新知识之前，教师先给学生一些已学习过的比较容易懂的又与新学习内容有关的学习材料，使学生能很好地从旧知识过渡到新知识，从而更容易接受新知识。

许多研究表明，用具体形象的模型作为工具，可以帮助学生学习新知识。这是因为具体的模型形象、直观，学生更容易观察，所以对新知识也能理解得更透彻。在这里，模型包括几何图形模型、实

物模型、实物挂图、教师自制模型等。在高度抽象的数学学习中，这些模型的作用更加明显。比如，在刚开始学习新的数学概念或数学公式、定理、法则时，学生往往觉得难以理解，此时需要通过具体的模型来帮助他们，把抽象的对象转换成他们可以触摸、观察、直接感知和想象的表象，然后通过自己的形象思维，得出对以上概念、公式、定理、法则的记忆和理解。

我们知道，高中学生学习数学新知识需要以自己的经验为基础，以与日常生活密切相关的情境为依据。同时，学生在学习数学知识的过程中，形象思维和抽象思维是相互转化、相互作用的。所以，数学定义与概念的学习、掌握和运用离不开形象思维。

对概念的理解，我们经常需要举一些正例和反例加以说明。正例就是与概念所说的事物同类的例子，反例就是与概念所说的事物相反的例子。我们在举正例时，还要注意它的变式

↓

三角形的概念是由不在同一条直线上的三条线段首尾顺次相接组成的图形。在这里，三角形的属性包括三条线段和首尾顺次相接(即封闭)两个属性。我们可以给出正例：锐角三角形、直角三角形和钝角三角形；同时再给出反例，如一个五边形、由三条线段组成的不封闭图形等

通过列举三角形的正例和反例，学生不仅能从字面上去记忆、理解三角形的概念，还能在一说到三角形这个词语的时候，大脑中就会出现各种三角形的形象，这时学生就完全掌握三角形的概念了

图 6–3　对概念的理解

比如，对概念的理解如图 6–3 所示。一个个概念从个体来说是独立存在的，但概念与概念之间是有许多联系的。可能甲概念是以乙概念为前提的，而乙概念又以丙概念为前提，这些概念一起就构成了一个完整的知识网络结构。在教学中，我们通常会通过画知识结构图来

说明某个概念，这样可使学生对各个概念之间的从属关系以及它们之间的联系和区别弄得一清二楚。比如，在“四边形性质探索”中，要想弄清楚各种四边形之间的关系，就可画出如图 6–4 所示的示意图。

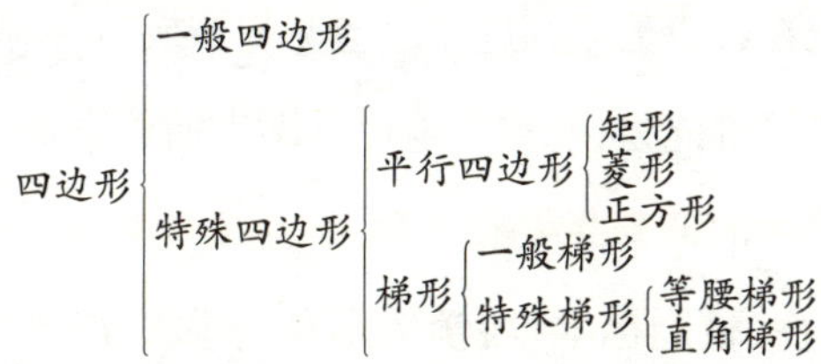

图 6–4 各种四边形之间的关系

此外，数学公式、法则、定理的学习和证明也离不开形象思维。公式、法则、定理和概念一样也需要例证。对公式、法则和定理的掌握，仅从字面上理解还不够，因为比较抽象，所以我们还需要用例证来说明。这样，学生在理解的基础上来记忆，背诵得就更快，记忆得更牢固。

比如，在证明公式 $\sin^2A+\cos^2A=1$ 时，我们大脑中就会出现直角三角形的形象，要不然就在草稿纸上画出一个直角三角形的示意图，把 $\sin A$ 和 $\cos A$ 表示的式子用直角三角形的边表示出来，最后通过计算证明这个公式。

一般来说，数学公式、法则、定理证明好以后，还可加上形象的图形，以帮助学生理解。例如，平行四边形及其所包含的图形之间的关系可用图 6–5 表示。

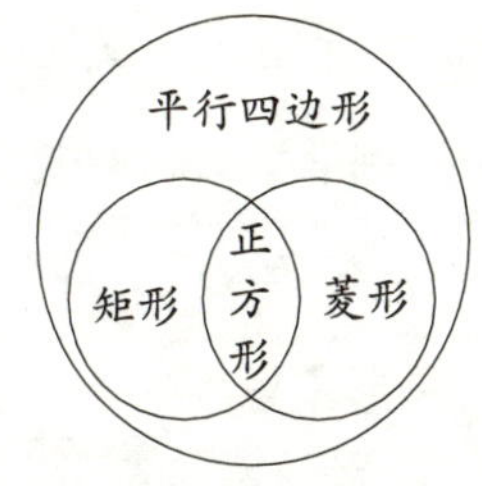

图 6–5 平行四边形及其所包含的图形之间的关系

（二）能促进学生各种思维品质的共同发展

形象思维能促进学生的思维向纵深发展，并能使他们的思维更具概括性。许许多多的心理学和生理学方面的实验证明，形象思维和抽象思维在解决数学问题中是会互相转换、互相作用的。培养好学生的形象思维能力，能更好地促进学生抽象思维的发展。

形象思维中的形象一般有三种：一是实物直观，如生活的实际物体，各种生物、植物标本，或学生亲自动手去实验体会其中的直观形象，或到工厂等地方去参观等；二是模型直观，如几何图形的模型和实物模型，以及各种实物、几何图像的图片，各种统计图表，教师自制的幻灯片、录像带等；三是语言直观，如在教学中用深入浅出、通俗易懂的形象化的语言去描述数学概念、定理等。这三种类型的形象的抽象程度各不一样，实物的抽象程度最低，模型次之，形象化的语言抽象程度最高。

利用以上三种类型的形象抽象程度不同，我们培养学生的抽象思维可以逐步加深，先由实物、模型等比较直观的形象入手，熟练之后，再上升到用纯粹的比较抽象的数学语言来描述。

形象思维在整个思维过程中是始终存在的，而且与抽象思维相互交替，两种思维不断运动变化。同时，在数学学习中，形象思维是不可或缺的，其他任何思维形式都不能代替形象思维。因此，培养学生的数学形象思维这个课题，不仅是数学学科自身发展的需要，而且也是数学教育中挖掘学生大脑潜能、开发学生智力的需要。

（三）有助于培养学生良好的数学兴趣

认知富有情绪色彩，是形象思维的一个重要特征。数学的高度抽象性，使许多学生认为数学枯燥难学，丧失了学习数学的兴趣。

这对于学生数学思维能力的培养是非常不利的。正是由于数学的抽象形式，往往舍弃了许多与研究角度无关的因素，舍弃了许多原有的“问题状态”，因而不具有任何具体的实际意义。这种高度的抽象性和形式化的操练导致大量的学生丧失了学习数学的兴趣，认为数学是分辨好坏学生的“筛子”。

而数学形象思维的展开恰恰需要大量的现实直观的知识作为背景。因为它可以恢复数学原有的“问题状态”。再加上其形象化的特点，它还可以还原高度抽象、高度形式化的数学以本来面目，使学生学到的数学贴近自己的生活，让学生感受到数学的价值，从而培养学生学习数学的兴趣，让更多学生乐学、愿学数学。同时，学生对学习数学有了积极的情绪，就会积极主动参与到数学学习中来，充分发挥他们的自由联想力和想象力，这样可以促进形象思维的发展。可以说，没有良好情绪的参与，数学形象思维是很难展开的。因此，教师应注意在课堂教学中有效地使用形象思维，突出形象思维的直观、形象特点，使更多的学生远离高度抽象的数学。例如，在介绍诱导公式时，需要学生掌握六组基本公式，抽象而琐碎。若在证完六组公式后，把其特点编成顺口溜——“奇变偶不变，符号看象限”，那么在实践演练后，会收到意想不到的效果。

此外，青少年在求知过程中，喜欢新鲜、有趣、多样化。因此，学习时配以贴切形象的歌诀，能引起他们的兴趣，而且便于记忆。此外，我们还可以通过构图来实现形象化，使数学学习化抽象为具体、化深奥为浅显，激发学生学习数学的兴趣。

正是从这些角度去分析，数学形象思维能力的培养在课堂教学中才有重要的意义，不但能使学生学会思维，而且对提高学生的

整体思维能力有着不容置疑的作用。

二、发展高中学生形象思维的具体策略

在教学实践过程中，为了实现数学形象思维的教育功能，主要从形象思维的三个基本成分（意象、联想和想象）的培养入手，结合数学思想方法的教学，促使学生的数学形象思维能力向更深层次发展，并更好地促进其数学形象思维与抽象思维有机融合，最终使学生的整体思维能力得到提升。

（一）揭示形象的产生过程，建立丰富意象

数学形象思维的意象与数学抽象思维的“概念”在各自思维中具有同等作用。因此，在进行数学形象思维时，必须善于迅速而正确地建立意象。可以说，没有很强的建立意象的能力，难以形成数学形象或者某种“心智图象”，因而难以展开数学形象思维。意象不同于感性直观、数学表象，而是具体形象的某种抽象，是抽象性的感性，因而总离不开事物粗浅的直观表象。所以，在数学教学中，应充分展示意象的建立过程。例如，在“椭圆及其标准方程”的课例中，笔者将两枚钉子固定在木板上，之后将一段无弹力的细绳固定在钉子上（绳长大于两钉子间距），然后用粉笔将绳拉紧，画出椭圆曲线，并让学生观察思考这个过程中的不变量，让学生感受椭圆上任一点的共性，引导他们从表象加工的水平上，进一步形成意象，最后用准确的数学语言加以表述。这样可以使学生对椭圆的认识形象生动，理解透彻，为后续学习打下扎实的基础。

（二）提供背景，使学生有整体观察思考的过程

我们可能都有这样的体会：对于一个新的问题，有时局部考虑，抓不住问题的本质，而整体考虑，则豁然开朗。

例如，对于研究 $y=x+\frac{1}{x}$ 型函数的最值问题，可能有此体会。

比如，求函数 $y=x+\frac{1}{x}(x>0)$ 的最小值。

解：因为 $x>0$，所以由均值不等式可得 $x+\frac{1}{x}\geqslant 2$，当且仅当 $x=\frac{1}{x}$，即 $x^2=1$，$x=1$ 时取“=”。

因此，$y=x+\frac{1}{x}(x>0)$ 的最小值是 2，此时 $x=1$。

又如，求函数 $y=x+\frac{1}{x}(x<0)$ 的最大值。

解：因为 $x<0$，所以 $y=-(-x+\frac{1}{-x})\leqslant -2$，当且仅当 $-x=\frac{1}{-x}$，即 $x^2=1$，$x=-1$ 时取“=”。

因此，$y=x+\frac{1}{x}(x<0)$ 的最大值是 -2，此时 $x=-1$。

再如，在求函数 $y=x+\frac{1}{x}(x\leqslant -2)$ 的最大值时，用均值不等式取不到“=”，那么应怎么求解呢？什么原因造成同一函数关系式在定义域不同的情况下，最值的情况发生变化呢？如何解决这一问题？

如果我们能对函数 $y=x+\frac{1}{x}$ 的图象有一个整体认识，那么就不难理解和解决这类问题了。其图象如图 6-6 所示。

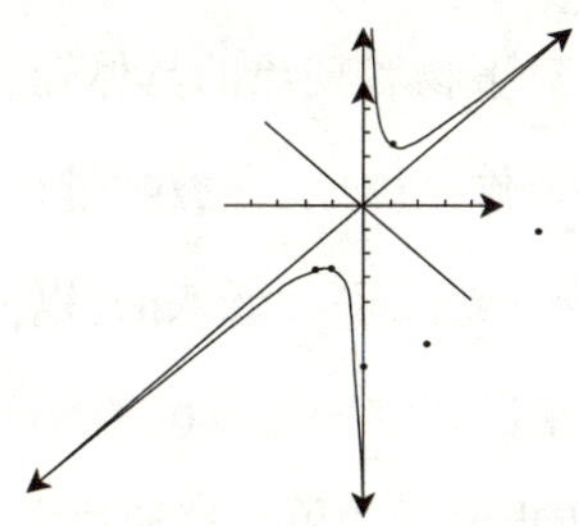

图 6-6　函数 $y=x+\frac{1}{x}$ 的图象

通过对函数 $y=x+\frac{1}{x}$ 的导数进行分析(如表 6-1 所示),我们可以求其极值点,并判断其单调性,从而画出草图,如图 6-6 所示。

表 6-1　函数 $y=x+\frac{1}{x}$ 的单调区间

x	$(-\infty,-1)$	-1	$(-1,0)$	$(0,1)$	1	$(1,+\infty)$
y	+	0	−	−	0	+
y	递增		递减	递减		递增

从图 6-6 中，可整体把握函数 $y=x+\frac{1}{x}$ 的走向。函数 $y=x+\frac{1}{x}$ $(x\geqslant 2)$或 $y=x+\frac{1}{x}$ $(x\leqslant -2)$在其单调区间上递增。因此,$x\geqslant 2$ 时,$y_{min}=\frac{5}{2}$;$x\leqslant -2$ 时,$y_{max}=-\frac{5}{2}$。有了这个认识,求 $y=x+\frac{1}{x}$ 类函数最值时,就可以运用自如了。

另外,在研究“立体几何”中空间直线位置关系时,可以使学生认识到正方体就是一个典型的立体空间，各种直线的位置关系都可以在正方体中去建立、寻找和判断,而不至于茫然、不知所措,或思考不全面,导致学生失去学好数学的自信心。

(三)提供丰富的感性材料,突出其本质

在任何情况下，对事物和现象的具体知识所积累的总量都是各种概括活动的先决条件。因此,在教学过程中,应提供一定的感性材料,而且这些材料应当是多种变式的,以便将事物的本质属性从各种表现形式的非本质属性中显露出来。这样,概括出来的结论就容易具有科学性,防止概括的单一性和片面性。

例如，在学习直线方程的截距时，可以为学生提供下面的习题：分别写出直线 $y=2x+1$ 与直线 $y=3x$ 在两坐标轴上的截距。

解：因为直线 $y=2x+1$ 上有点(0,1),(-1/2,0),所以在其 x,y 轴上的截距分别是$-\frac{1}{2}$,1;而直线 $y=3x$ 上有点(0,0),所以在其 x,y 轴上的截距都是0。

如此,可以使学生明白以下两点:

第一,使学生掌握求截距的方法;

第二,使学生明白截距的几何意义不是距离,而是直线与坐标轴交点的对应坐标。

因此,在“感知事物的本质特征”的过程中,要尽可能地保留事物的原有性质。这样,容易把握反映同种特征的表象,从而在不断积累和概括过程中,感知事物的本质特征。

(四)教学中应引导学生发现新、旧知识的联系与区别,认清所学知识的本质,学会思考

学生学习数学离不开现实的生活经验。对学生来说,数学知识并不是“新知识”,在一定程度上是一种“旧知识”,是他们生活中有关数学现象和经验的总结与升华。每一个学生都从他们的现实数学世界出发,与教材内容发生相互作用,建构自己的数学知识。因此,对于与学生在生活中经常碰到的现象相近的材料,应注意突出其差别,建构正确的数学知识体系,减少负迁移。

例如，在立体几何中研究两直线位置关系时，对于“若直线 $a\perp c$，$b\perp c$，则 a 与 b 的位置关系如何”，学生的第一反应是“平行”，这是受平面几何学习的影响。对此，教师可以通过实物模型——教室中墙面形成的各棱之间的位置关系，展示三维空间中两直线位置关系不是二维空间的简单迁移，使学生意识到它们之间既有联系，又有区别。

（五）加强代数知识与其相应几何意义之间的联想，不断渗透数形结合思想，促进两种思维有机融合

数学是研究数与形的科学，教材本身充分预示着代数知识与几何知识的有机融合，只不过教材有时未对它们一一指出罢了。而作为教师，必须要自觉地对教材进行充实和完善，有意识地引导学生进行“遇到代数想几何”的训练。这样做，不仅可以加深、强化学生对每一个代数知识点的理解和识记，还能培养学生的数形结合能力，从而提高学生的思维能力。

1. 重视图形语言的掌握，加强多种语言的转化

对同一个数学对象，可以用不同的数学语言来表达。而基本的数学语言包括文字语言、图形或图象语言、符号语言。用多种语言描述和呈现数学对象是一种有效地获得对概念本身或问题背景深入理解的重要策略，为划归思想的展开提供了便利条件。从数学学习心理角度来看，对于不同的思维形式，它们之间的转换及其表达方式是数学学习的核心。在数学思维过程中，形象思维与抽象思维交织在一起，因此数学语言要不断地进行转换。只有这样，思维才能顺利地进行，同时提高学生的思维能力。

例如，已知 $a>0,b>0$，求证：$(a+b)^2=a^2+2ab+b^2$。

分析：从式子中可以发现 $(a+b)^2,a^2,ab,b^2$ 都表示四个乘积，由此可以构造成边长为 $a+b$ 的正方形，则 $(a+b)^2,a^2,ab,b^2$ 分别用小矩形面积来表示，如图 6–7 所示。

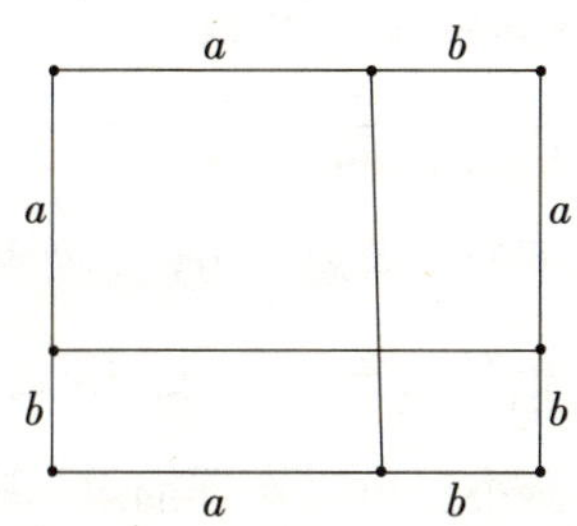

图 6–7　边长为 $a+b$ 的正方形

证明：构造以 $a+b$ 为边长的正方形，在各边上截取 a 和 b，并做出小矩形，则由图可知，四个小矩形的面积和等于整个正方形的面积。所以，$(a+b)^2=a^2+2ab+b^2$。

在上面的例子中，已知条件是用符号语言给出的，所以我们可以联想与之对应的图形，将它转化为图形语言，然后利用图形语言的特点，使问题得到巧妙而简洁的解答。

由此可以看到，数学语言的转化是解决问题的核心。同时，我们更能看到，图形语言在解决问题的过程中起到了关键性的桥梁作用，不但可以提高形象思维能力，而且还对发展学生的思维能力大有好处。

图形与数学图象是一种特殊的数学语言，是一种视觉语言，不同于一般的符号语言，是多维的，而不是一维的。它形象生动、容量大，便于学生观察、联想和记忆。因此，将图形语言符号化，是发展学生数学形象思维，提高学生整体思维能力中不可忽视的方面。同

时，要理解图形语言与符号语言各有其自身的特点。此外，在教学过程中，要准确交流思想，正确表达数学观点，不可避免地就会使用符号语言。进行符号语言的教学，其中一个重要的内容就是能够将图形语言翻译成有较强概括性、易于理解的符号语言。

2. 数形结合，丰富联想，启迪思维

从现代思维学的角度来看，数学中数形结合的思想方法实质上是在抽象思维指导下的形象思维方法。数形结合与转换过程就是在数学概念、判断、推理的参与下，运用联想和想象的形象思维活动的过程。这种方法不仅可以发挥抽象思维与形象思维两种方法的优势，而且在探索、解决问题的过程中，还有着巨大的作用，因而成为具有普遍意义的数学思想方法。

例如，当方程$\sqrt{1-x^2}=k(x+2)-1$只有一个解时，求k的取值范围。

解析：直接解方程是非常烦琐的，如果能转换角度，令$y_1=\sqrt{1-x^2}$，$y_2=k(x+2)-1$，并在同一个平面直角坐标系中分别做出图象，那么本题就可以转化为“k为何值时，y_1图象与y_2图象只有一个交点”。

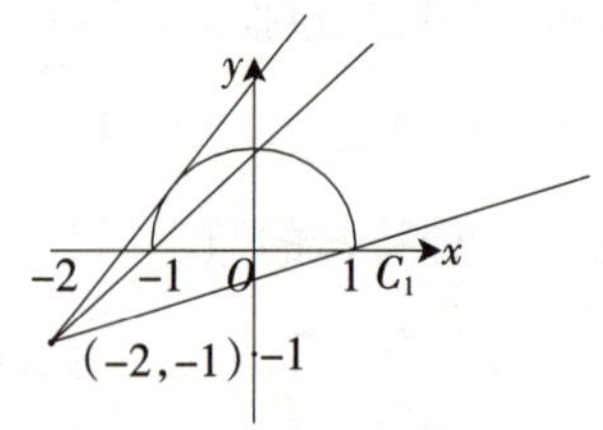

图 6-8　函数图象

如图 6-8 所示，$y_1=\sqrt{1-x^2}$的图象是上半圆，$y_2=k(x+2)-1$的图

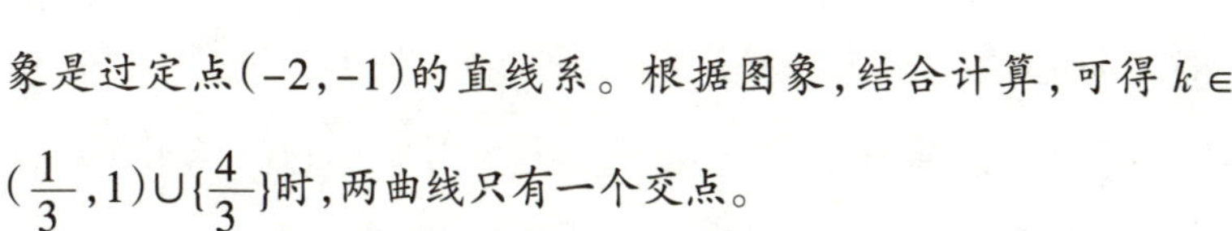

象是过定点$(-2,-1)$的直线系。根据图象,结合计算,可得$k\in(\frac{1}{3},1)\cup\{\frac{4}{3}\}$时,两曲线只有一个交点。

总之,各种语言的相互转化是培养学生数学形象思维能力,促进两种思维有机融合,提高学生整体思维能力不可缺少的方面。各种语言的相互转化的重点是图形语言与符号语言的相互转化,只有这两方面都得到全面的发展,才能培养学生完善的数学形象思维能力,使学生对数学问题的理解、叙述顺畅无阻。

(六)设计模型,深化想象

在数学教学过程中,培养学生的想象能力,仅有丰富意象,而没有一定的模型设计能力,就会使想象永远停留在直观形象的水平上,而不能上升到高度抽象的层面。因此,为了使学生便于想象,深化想象,教师必须用直观形象的语言,为抽象的问题设计模型,做好抽象与直观的转化。唯有如此,才能使想象更具有概括性、深刻性和内在的逻辑性。

比如,数学归纳法是证明与自然数有关的命题的一种重要方法。它仅用“有限”的几步,就可以巧妙地证明对自然数都成立的命题。然而,学生初次学习时,对它的基本思想是不会一下子就完全理解的,对数学归纳法的合理性常常产生怀疑,表示难以想象。所以,为了克服学生的思维障碍,排除想象困难,教师为学生设立了一个无穷级梯子,把数学归纳法和无穷级梯子相比较。例如,证明所考虑的等式对于$n=1$成立,就表示我们有能力登上无穷级梯子的第一级;证明能够从k过渡到$k+1$,就相当于我们有能力从梯子的任何

一级走向更高一级。只有具备了这两种能力，我们才能达到梯子的任何一级。“无穷级梯子”这一模型的设计与推出全靠直观形象化的语言的调节，使学生深化想象，理解概念，掌握思考问题的思想方法。

通过上述论述，我们可以看到，数学形象思维能还高度抽象的数学以本来面目，使学生的心理活动更丰富。同时，有助于学生更深刻地认识事物的本质和规律，更好地促进两种思维的有机融合，提高学生的思维能力，建立起学生学好数学的信心。

在数学学习中，学生要培养数学形象思维能力，但是培养形象思维能力不是最终的目的。因为停留在直观形象层面的具体模型还不能等同于抽象的模式，也不能说已经领悟到数学的精神、思想与方法，直观形象地看出的结果，与严格准确地表达出来之间有一个数学化的过程，而且形象思维本身跳跃性的特点也会导致错误，需要抽象思维进一步验证。抽象思维与形象思维是互相结合、互相渗透的。没有抽象思维的参与，形象思维是肤浅的，缺乏能动性；没有形象思维的作用，抽象思维是贫乏的、呆板的。而我们最终的目的是要培养学生的整体思维能力。

因此，数学教学不应仅满足于形象化阶段，而应考虑怎样上一个台阶，进一步发展学生的整体思维能力。要上台阶，就要有相应的能力，包括对数学模型的概括能力、对数学方法的运用能力、对数学语言的组织能力、对数学技巧的创造能力等，而这些问题还有待于在教学实践过程中进一步研究和探索。

第七章　发展逆向思维的学习方法

第一节　逆向思维的概念界定

一、核心概念

(一)逆向思维的概念

逆向思维是与惯常的正向思维相反的一种思维方式，属于发散性思维的一种。对于逆向思维,不同学者给出了不同定义。

关成志认为,所谓逆向思维,是指在循着某一固定思路解决数学问题比较困难,甚至屡遭失败之后,沿着相反的方向进行思考,开拓新的思路。关成志论述了逆向思维在数学发展中所起的重要作用,并且认为逆向思维对数学解题有很大的帮助。而逆向思维的运用在一定程度上是思维灵活的表现。

郑隆炘认为，逆向思维是指数学研究中有意识地去做与习惯性的思维方向完全相反的探索。同时,他还总结了数学解题时所用到的逆用公式、逆推法等逆向思维策略，认为逆向思维是一种逆向、对称、超常的思维。

王跃新认为,逆向思维是沿着事物发展轨迹回溯探究,是与正向思维相反的一种思维方式,是逆着逻辑的常情、常规、常理进行的思维。

关于逆向思维,各研究者给出的定义基本统一,都是从与惯常思维对立的方面去定义逆向思维，认为逆向思维是与惯常的思维方向相反的思维方式，是对司空见惯的似乎已成定论的事物或观点反过来思考的一种思维方式,表现为敢于“反其道而行之”,让思

维向对立面的方向发展，从问题的相反面深入地进行探索，树立新思想，创立新形象。

(二)逆向思维的特点

逆向思维的特征主要表现为反向性、批判性与双向性。

1. 反向性

反向性是逆向思维最主要的特性。按照哲学对立统一的观点，一切事物都有对立面，都可以从相反的方向进行思考。逆向思维的反向性是指从事物的对立面、过程的相反方向等方向入手去解决问题。逆向思维就是一种“反其道而思之”的思维形式。

2. 批判性

在一般的思维活动中，人们总是习惯于用常规的思维方式去考虑问题。而逆向思维是对惯例、常识的反叛。这种对常规思维的否定，需要批判精神来克服思维定式，克服思维僵化所带来的局限。

3. 双向性

双向性是指逆向思维与常规思维可以相互转换，同时进行，而且从正、反两个方面都可以解决问题。

(三)数学逆向思维的概念

数学逆向思维是一般逆向思维在数学学科中的具体体现。它既有一般学科的特点，又有数学学科的特点。

苏联心理学家克鲁捷茨基确定了数学能力的九个组成部分，包括能使数学材料形式化的能力、能概括数学材料的能力、运算能力、逻辑推理能力、简缩思维、能逆转心理过程的能力、思维的灵活性、数学记忆力、能形成空间概念的能力。克鲁捷茨基认为，逆转心理过程是从顺向思维系列过渡到逆向思维系列的能力，看作数学

的基本能力之一。这里提到的逆转思维即逆向思维。

曹才翰教授提出,数学能力强的学生应有以下五个特征:有善于从具体的事例中进行抽象的能力、善于把所认识的事物概括到同类事物中去的能力、善于联想的能力、善于逆转思维的能力、善于简缩思维的能力。

喻平教授将逆向策略作为数学七种解题策略之一，认为分析法、逆推法、反证法、同一法、反驳法、公式的逆用、常量与变量换位等方法都是逆向策略的具体应用。

由此可以看出,各研究者对于数学逆向思维的论述,大多数是在逆向思维的基础上结合数学学科特点给出的，都将数学逆向思维能力作为数学能力的重要因素之一。

二、理论基础

逆向思维能力的培养策略并非无水之源。20 世纪以来,各种教育学与心理学理论的出现，给思维及逆向思维能力的培养提供了理论基础。而本书主要介绍建构主义学习理论、多元智能理论与认知接受理论。

(一)建构主义学习理论

建构主义认为,个体对于外界事物并不是被动地做出反应,而是一个主动建构的过程。建构主义重视个体原有的知识结构在认知过程中的作用,重视学生原有的知识经验,认为认知过程是个体原有的认知结构与新知识之间相互作用的结果。建构主义还认为,学习是一个积极主动的过程,知识并不是自动获得的,而是学生通过自身的理解而形成的。因此,这启发教师在组织教学活动时,必须使学生的思想受到充分的激活,以使学生能够建构起新的知识。

建构主义对于指导数学教学具有多方面的意义。从建构主义学习理论来看,数学学习过程并不是简单的信息的输入、存储和提取,而是学生基于自己已有的知识经验,与数学知识相互作用,主动对新的信息进行选择、加工处理的过程。根据建构主义理论,教师是教学过程的组织者与引导者,而不是知识的传授者。因此,教师要凭借组织者、引导者、合作者的身份,引导学生积极参与到学习过程中。教师的作用是帮助学生建构所学材料和已有知识经验之间的关系。所以,在数学逆向思维能力培养的过程中,教师要引导学生从原有的知识经验中,逐步建构新的知识经验。此外,逆向思维能力的培养不是直接向学生传授,而是通过学生原有的思维能力而形成更强的思维能力。因此,教师在进行教学准备时,要以学生为中心,激发学生的学习兴趣,提出问题,使学生积极思考。其中,提出的问题要能揭示知识间的联系,并能够与学生头脑中原有的知识经验建立联系,组织学生讨论。而教师要以引导者的身份,引导学生探索发现规律,主动建构数学知识,提高思维的广阔性与灵活性,提高发散思维能力。

(二)多元智能理论

加德纳认为,人的智力应该是多维度的。之所以每个人有其长处所在,是因为每个人所具有的各种智能在数量及组合方面各不相同。加德纳将人的智力分为语言智能、逻辑—数学智能、视觉—空间智能等九种智能。每个人都或多或少地具有多种智能,而且问题的解决也需要多种智能相结合。多元智能理论所蕴含的学生观、教师观、教学观、评价观等对于重构学习过程、重构教学实践、重构课程设计、重构评估等方面具有重要的指导作用,对于中学数学教

学也有极为重要的启示。

首先,中学数学教学要注重培养学生的创新精神与实践能力。在数学教学过程中,教师有意识地对学生的逆向思维进行培养,对学生创新思维能力的提高有着重要的促进作用。其次,每个学生都有学好数学的潜能。在数学教学过程中,教师要做到长善救失,积极发现学生的智力优势,克服消极因素。同时,在教学过程中,要针对学生的智能优势与不足,因材施教,利用优势来发展学生的各种智能。在逆向思维培养方面,对于逆向思维能力相对较差的学生,教师要善于发现其他智力优势,并从其优势入手,带动逆向思维能力的发展。最后,中学数学要建立多元多维的评价观。因此,要从学生的实际出发,促进其潜能最大限度地发展。

(三)认知接受理论

奥苏贝尔的认知接受理论认为, 学习过程是在原有认知结构的基础上形成新的认知结构的过程,主张有意义的接受学习。而有意义学习的实质是把以符号为代表的新观念与学生认知结构中原有的适当观念建立起非人为的和实质性的联系的过程。有意义学习必须具备三个前提:第一,学习材料本身具备逻辑意义;第二,学生必须具备有意义学习的心向;第三,学生认知结构中必须具备同化新知识的适当观念。所以,教学应当是有意义的接受和有意义的发现并举。此外, 教学中最重要的出发点是学生已经掌握了的知识。因此,在数学逆向思维能力培养过程中,教师应当根据学生已有的知识经验进行教学, 使学生的旧知识与新知识之间建立起实质的非人为的联系。同时,教师要选取对学生有意义的教学材料,以便学生掌握与理解。当然,在正式教学过程中,要将范围较广的

知识分解为范围较窄的知识，将抽象的知识分解成具体的知识。

第二节 逆向思维的研究概述

一、国内外研究现状

（一）国外研究现状

在国外，思维教学的研究还是有一些的。比如，美国伟大的哲学家、教育家约翰·杜威在他的《民主主义与教育》中从理论的角度出发，全面地分析了思维能力及其培养，并且讲述了对于学生的教学要建立在学习的兴趣之上，要以学生为教学的中心。王淑花、吴尚义在《国外思维能力培养研究综述》中提到，在思维教学中，让学生的思维过程更明确，使他们能够明晰并反思自己的思维，更好地进行自我控制，同时注意对学生的元认知能力的培养。同样地，郭辉的《国内外创造性思维培养模式的对比研究综述》中指出，随着社会的发展与对人才需求的不同，各国教育越来越注重创造性思维的培养，这种创造性思维培养的理念无疑会被渗透到各科教学中。例如，姜继为的《思维教育导论》中，首次正面地回答了思维教育的目标、内容等基本问题，为培养优秀的人才设计了一套系统而严谨的思维教育实施方案，并且提出了培养健全的思维主体、系统的思维能力、良好的思维方式和品质的要求。另外，在《怎样解题》中，讨论了数学教学中发现的方法和规律，对于在某些领域中怎样进行正确的思维有着明显的指导作用，同时在解题的步骤中，回顾与反思很好地体现了思维的重要性。

英国是创造性研究的发源地，近20年来对创造性思维的研究十分重视，并深入地讨论了创造性思维能力与智力、个性的关系。同时，欧洲合作和发展组织于1989年在巴黎召开了以"学会思考、思考学习"为主题的国际会议，有超过22个国家代表参加，把思维能力培养的研究推向了另一个高峰。到了20世纪80年代中期到90年代初，美国的市面上已经出现了100多个培养思维的项目。美国从20世纪30年代就着手进行创造性思维的培养，60年代美国的创造性思维培养有了实质性进展，从小学到大学都有关于创造性思维培养的课程。由此可见，美国对于思维培养的重视程度是很高的。

(二)国内研究现状

在我国，众所周知，创新是一个民族的灵魂，是一个国家兴旺发达的不竭动力。现代国家的竞争，无论是政治竞争还是军事竞争，归根结底都是人才的竞争，尤其是创新型人才的竞争。而对于这类人才培养，思维创造在这其中起着很大的作用。对于思维培养，在20世纪80年代初成立了中国创造学研究所，到中期开展了创造教育的研究与实验。比如，袁昌华、顾文军的《高中生数学逆向思维能力的调查与分析》一文就揭示了高中学生逆向思维能力的一个总体的现状，以及与其相关的因素，同时对于中学生逆向思维能力的现状和影响因素做了系统的分析；童其林的《逆向思维受阻的原因、表现及对策》中指出了影响中学生逆向思维能力的一些因素，并且对中学生的逆向思维能力的表现现状做了一个陈述，给出了一些相应的对策分析。

此外，对于中学生逆向思维能力的培养，也有很多这方面的文

章。比如,任海宁的《例析数学教学中逆向思维能力的培养》中提到了很多种方法来培养学生的逆向思维能力,如在数学定义、数学公式、数学定理与法则等方面做了阐述。另外,张容秀的《数学教学中学生逆向思维的培养》中提到,在数学教学中,发展思维能力是培养学生能力的核心,因此在培养学生正向思维的同时,还应当重视学生逆向思维能力的培养,对于开拓学生的解题思路与提高分析问题的能力有着很大的作用。俞建光《初中数学逆思维教学的探讨》中也提到,数学是思维的“体操”,思维是智力的核心,这种双向思维是彼此相反的,同时又是彼此联系的。

目前,很多的学校已经开展了创造学、思维教育的研究和教学。这表明我国对于思维的创新和思维的培养更加重视。而对于逆向思维能力的培养,国内外都有一些研究。在这些研究中,有一些阐述了逆向思维能力培养的策略和方法,但大部分是一些理论性的知识,实证研究的较少,和教学的过程结合起来以及对于某些结论的反面研究也相对较少。

二、培养逆向思维能力在数学教学中的价值

逆向思维对数学而言,是一种很重要的思维方式,即从固有的习惯思路的反面出发来思虑与分析题目。但是,对于逆向思维而言,并非只是把我们通常所习惯的正向思维倒过来再走一遍,并非都是相同的路径,具体的表现为数学定义、公式、法则和定理等的逆向运用。从这方面可以看出,逆向思维能力对于培养中学生思维的活跃性、思维的开放性,以及培养中学生的创新精神有着重要的意义。无论是对成绩好的学生而言还是对成绩比较落后的学生而言,培养中学生的逆向思维能力都是不可或缺的。因为它有利于数

学落后的学生树立自己的自信心，改变纯数学的应试训练模式，强化基础知识和基本方法的教学，为他们在以后的专业课程和生产的实践中应用数学打下基础；而对于成绩好的学生，会使他们对学习数学更加感兴趣，将来他们的思维与创新也将会有所进步。所以，逆向思维能够加深学生对基础知识的理解与掌握。

另外，逆向思维对解题过程中学生思路的开拓、分析问题能力的提高都有着很大的作用。在拿到一个题目的时候，学生不只是会从该问题的某一个角度去死“钻牛角尖”，还会从其他的角度入手，找到新的解题思路，使他们的思维更加活跃与开阔。同时，逆向思维能力对于学生解题技巧的提高与创新能力的培养也有很大的作用。在课堂的平时练习中，学生能够通过变式练习、一题多解等来强化自己的思维能力，培养自己独特的思维方式，培养自己的观察能力、探究能力和想象能力。之后，在解决问题的时候，想出不一样的解决办法，避开固有的思维定式的影响，冲出固有的思维框架的束缚，在探究学习中，在交流合作的基础上，创造出不一样的思想和结论。

(一)开发智力

教育界一直倡导让学生学会学习、学会思维、学会创造。这些年，我国倡导提高学生学习能力，并把它作为一个教学目标执行。学习能力是看学生学习遇到问题时是否会选择相应的学习策略解决它。这是检验一个学生智力是否得到开发的重要标志。而智力开发中非常重要的一项是思维能力的开发。

莱因哈特(Rinehart)等人设置了一种开发教程，专门用于提高学生对学习内容进行归纳提炼的能力。学习此教程后，学生可以掌

握四个提炼窍门:①确定主题思想;②省略细节信息;③忽略多余的信息;④将重要信息和支持它的信息归纳联系。实验证明,这个教程的训练非常锻炼思维能力，而思维能力提高也使学生的智力得到开发。

美国明尼苏达大学的学习技能中心设计开发了一个专门用于提高学生笔记能力的笔记系统。该系统向学生传授了四种方法:区分高位信息与低位信息、缩写笔记法、用自己的语句概括意义、应用框架格式。结果表明,学生不再像以前盲目地跟从教师说一句记一句,而是学会归纳总结要点,选择性记笔记。这个过程大大锻炼提高了学生的思维能力，而思维活跃了，学生自身也就灵活起来了,进而使其智力得到开发。

1995 年，我国著名教育学者张庆林研发了一套关于如何解决几何问题的思维能力训练的教程。该教程研究了优等生和中等生解决几何问题的思维能力的差异，设计了五种相互联系的思维策略:“直觉判断的类型(明确思维大方向)”“充分利用已知条件(顺向推理)”“使已知与未知取得联系（逆向推理)”“使已知与未知取得联系(作辅助线)”“解题后的反思(总结概括思路)”。研究结果表明,这种训练大幅度地提高了学生的解决问题能力。在高中数学教学中,运算、定理、分析、综合都需要较强的思维能力。而通常教师总是从左边到右边正向推理一些公式、法则、性质,时间长了,学生就会形成一种固定的思维模式。若教师时常引导学生反方向思考,则往往会使学生思维活跃起来，更容易理解这些定理、公式等知识,更会应用它们解答数学题。最后,学生形成了一种能力,即做任何事情都会想尽一切办法,从而智力也会得到开发。

（二）挖掘潜能

教育界一直倡导采用启发式教学方法。启发式教学方法的精髓是如何创设问题情境，让学生充分认识理解问题，引发其认知冲突，激发出他们解决问题的动力需求，并积极主动地投身到寻求答案的学习活动中去，让学生对学习感兴趣，愿意去学。这个过程就是让学生进入头脑记忆中的知识经验与行动目标之间的空缺地带——问题情境。激发学生在已有知识体系中寻找可填补空缺的突破口，并显示出还需要哪些知识的思维运动过程。在思维运动过程中就可把学生潜在能力挖掘出来，让其得到充分发挥。

（三）激发兴趣

爱因斯坦说过："兴趣是学生最好的老师。"俄国有位大教育家也曾指出："没有丝毫兴趣的强制性学习，将会扼杀学生探求真理的欲望。"心理学研究结果显示，当学生对某项事物非常感兴趣时，就会使大脑中的相关神经细胞处于高度活跃状态，而不相关的则处于沉默状态，那种快乐会使学生一直尽力地去寻找、学习自己感兴趣的事物。由此可以看出，激发学生学习兴趣十分重要。因此，在高中数学教学过程中，教师应尽力激发学生的学习兴趣。而这就需要提高学生思维的活跃度。培养学生逆向思维能力就是有效途径之一。

三、影响中学生数学逆向思维能力的因素

（一）数学知识的教学形式

传统数学课堂教学形式普遍是教师给出结论、原则、定理等，然后去证明它、解释它，最后再去应用这个定理、结论讲解习题，完全以教师为主。相对地，学生对于这些结论则只能死记硬背，而且在教师死板、专横的教学形式之下，他们也很难有机会对这些结论

的产生以及其中的规律做较为深入的探究。目前,我国大多以大班额教学形式为主,一个班的人数比较多。对于学校而言,教师能够最大限度地发挥自身的作用,教学效率相对较高。然而,这种形式的教学,教师上课时的内容、教学的思想方法和教学中对重难点的把握不可能适合每一个学生,针对性也不会强,上课时与学生的互动也相对较少,忽视了逆向思维的培养,学生基本上是跟着教师的想法行动。对于某一个问题,学生的想法却是少之又少,难以完成思维的正向与逆向转换。

(二)学生的思维过程与能力

对于思维的过程而言,一方面由于学生受到思维定式的影响,很难从正向的思维模式转化成逆向的思维模式,也很难从一个方面起作用的单向联想转变为从两个方面都起作用的双向联想。这种转变对于学生来说有一定的困难,并且逆向思维并非只是完完全全地把正向思考的路径逆过来,这在无形中增加了逆向思维的难度。另一方面,学生的思维能力从直观、具体的形象思维转化为抽象的逻辑思维需要一个过程,受传统教育的影响,学生只是去记忆和模仿,没有融入自己的思考过程和想法,学生的思维往往会困在一个个的方框之内,难以达到思维的扩散,也就影响了学生的逆向思维能力的养成。

(三)现代教育的片面人才观念

我国自古代的科举制开始,考试的分数、成绩就一直是衡量一个学生优秀与否的重要标准之一。虽然现在这种状况有所改观,但在有些教师的眼里,考试成绩高的学生与顺从、听话的学生才是未来社会的栋梁之材,这些学生的前途是光明的,而那些叛逆、不听

话的低分学生就是教师和同学眼中的“学困生”。可是,思维的活跃与创新并非局限于分数与听话之间,在团队的领导能力、艺术等方面也都存在着。因此,在以后的社会中,并非只需要分数高的学生,还需要思维活跃、具有创新精神的人才。

(四)教师的观念与能力

随着社会的发展、经济的快速增长以及全国课程改革步伐的不断推进,目前对于教师的要求也越来越高,教师的基本素养和教学素质的提高已逐步成为素质教育改革的重点。教师的能力以及教师的教育教学观念直接影响着学生思维能力的发展，即学生思维的养成与教师有直接关系，因此未来教育对于教师的要求会越来越高。对于学生思维的培养,若教师的观念仍然停留在重视学生成绩的提高、分数的增加上,而忽视学生思维的发展,忽视学生思维活跃性的提高,那么将对学生未来的发展有莫大的影响。对于高中学生而言,教师的思维模式、行为观念以及执教能力都无时无刻不在影响着学生的发展,有时候甚至会影响学生的一生。因此,在培养学生思维能力的同时，教师自身的教学观念和教学能力也要相应地转变和提高，这样才能为学生逆向思维能力的发展提供强有力的支撑，为社会培养出思维能力与学习能力都很强的创新型人才。

第三节 发展高中学生数学逆向思维的具体教学策略

一、逆向思维基本思想的渗透

（一）在教学设计中渗透逆向思维

大多数教师在教授数学概念时，或是把概念直接写在黑板上，或是让学生把概念读一遍，先理解其中的文字含义，再对应讲解一至两道例题。学生即使记住了，也是硬性记忆，并没有将其转换成自己的知识。其实，教师可以鼓励学生从“逆向”的角度去学习概念，研究概念中所隐藏的条件和性质，更深层次地掌握概念的本质。

比如，教授“映射”这个概念时，教师可以先设计这样的问题情境：假设 $A\rightarrow B$ 是集合 A 到集合 B 的映射，那么你觉得集合 A 与集合 B 中的每个元素会对应什么情况？在这个问题的引导下，学生会自主探究并得出结论：集合 A 中所有的元素都将在集合 B 中对应找到一个唯一存在的象，没有剩余；而集合 B 中的元素除了与集合 A 对应以外，还可能有剩余，即集合 B 中的元素在集合 A 中找不到原象。然后，师生一起总结归纳映射的概念。这样，学生就会掌握映射的对应形式可能是“一对一”或“多对一”，但绝不会是“一对多”的形式。

教师在设计教学过程时，对公式的解释也常常会一成不变。这样，不利于培养学生的逆向思维能力。因此，教师在教学时，除了要求学生学会公式以外，还应该引导学生反推公式，了解公式的特点和作用，这样才可以让学生更加方便地使用公式，做更多的练习。而在做练习时，除了做正向练习以外，还要多做一些反向练习。同时，教师可时常做适当的变形，锻炼、提高学生的逆向思维能力。

（二）在导学案例中渗透逆向思维

由于许多数学知识都具有可逆结构，所以教师在设计导学案例时，要注意正向思维与逆向思维之间的辩证统一关系。虽然它们是相反的，但同时也是互补的。因此，导学案例要训练学生正确地认识和处理它们的关系，坚持贯彻执行，让每个地方都有逆向思维的存在。

例如，当 $k=$______（实数值）时，方程组 $\begin{cases} y=2kx+5 \\ y=(3k+1)x-6 \end{cases}$ 至少会有一组实数解？

解析：我们可以把两个方程式看作平面内的两条直线，由两条直线平行可得 $2k=3k+1$，得出 $k=-1$，于是当 $k\neq-1$ 时，方程组就有实数解。

二、逆向思维解题策略的实施

（一）运用逆向思维解题的一般方法

1. 运用反证法思想，培养逆向思维能力

在求证某些数学题时，如果用常规思维去求证它，那么就会不容易发现切入点，找不出证明思路。这时，教师可以引导学生运用

逆向思维,反过来思考,从结论入手,即假设结论的反面是正确的,通过已知、常用的定理、定义、事实来推理,推出与事实相反的结论,由此得出假设不成立,原结论成立。这样的证法具有创新性,能够激发学生的学习兴趣,使解题更方便。

例如,已知:$a+b+c>0$,$ab+bc+ca>0$,$abc>0$,求证:$a>0$,$b>0$,$c>0$。

分析:如果用常规思维去思考这个问题,则不容易找到方法求证。因此,我们可以采用逆向思维方式,以 a,b,c 不都是正数——由 $abc>0$ 可知,这三个数中必有两个为负数,一个为正数——作为出发点,去寻找证明问题的思路。

用反证法证明:

假设 a,b,c 不都是正数,由 $abc>0$ 可知,这三个数中必有两个为负数,一个为正数。

不妨设 $a<0$,$b<0$,$c>0$,则由 $a+b+c>0$ 可得,$c>-(a+b)$。

又因为 $a+b<0$,所以 $c(a+b)<-(a+b)(a+b)$,

则 $ab+c(a+b)<-(a+b)(a+b)+ab$,即 $ab+bc+ca<-a^2-ab-b^2$。

因为 $a^2>0$,$ab>0$,$b^2>0$,所以 $-a^2-ab-b^2=-(a^2+ab+b^2)<0$,即 $ab+bc+ca<0$。

而这与已知 $ab+bc+ca>0$ 相矛盾,所以假设不成立。

因此,$a>0$,$b>0$,$c>0$ 成立。

在学习数学时,我们经常会用简单快捷的反证法。而反证法的实质就是运用逻辑学中的排中律。因此,在运用反证法时,要重视学习证明过程中的三个证明步骤:①证明命题为真,先假定结论为

假;②运用已知进行逻辑推理;③推出矛盾,反证命题为真。这种矛盾通常为以下五种:①与命题的前提矛盾;②与公理矛盾;③与有关定理矛盾;④与临时假定矛盾;⑤自相矛盾。

2. 运用补集法思想,培养逆向思维能力

在解答某些数学题时,我们发现从正面入手会非常困难,而从反面入手,相对方便一些。于是,我们应该运用逆向思维方式,尽力研究结论的对立面,利用结论对立面的结果来映射正面的答案。我们把这种逆向思维的方式称为补集分析法。

例如,求二项式$(\sqrt[15]{2a}-b)^{15}$展开式中所有无理数系数之和。

分析:通过学过的知识,我们知道,若是从本题的正面去求解,会用到二项式定理,将其展开,以确定所有无理数的系数,然后求其和。但是,做过的学生都知道,这样做非常烦琐。不过,我们若换个角度,反过来思考,利用已学知识先找出二项式展开式中所有的有理数系数,就会发现只有两个包含有理数系数,以此求出有理数系数之和,这样就能轻松地求出所有无理数系数之和。

解:两个有理数分别为$C_{15}^{0}(\sqrt[15]{2a})^{15}(5b)^{0}=2a^{15}$,$C_{15}^{15}(5b)^{15}=-b^{15}$,其系数之和为$2+(-1)=1$。

又因为在二项式$(\sqrt[15]{2a}-b)^{15}$中,令$a=1$,$b=1$,可得展开式所有各项系数之和为$(\sqrt[15]{2}-1)^{15}$,所以无理数系数之和为$(\sqrt[15]{2}-1)^{15}-1$。

3. 运用参数待定法,训练逆向思维能力

在解答某些数学题时,利用题中的已知条件直接求证结论会非常困难,常常会使学生放弃。这时,教师要引导学生运用逆向思

维思考数学题，即先把推算的结论设为一个参变量，再把参变量当成已知量，然后在此基础上综合其他已知条件，求出参数的值，顺势算出结论。我们把这种方法叫作参数待定法。

例如，设椭圆 $C:\frac{x^2}{a^2}+\frac{y^2}{b^2}=1(a>b>0)$ 的左焦点为 F，过点 F 的直线与椭圆 C 相交于 A，B 两点，直线 l 的倾斜角为60°，且 $\boldsymbol{AF}=2\boldsymbol{FB}$，求椭圆 C 的离心率。

分析：本题若按常规分析，需要求出 a 和 c 的值，但很烦琐。然而，式子经过化简后，就出现了 c 与 a 的比值，坐标 $A(x_1,y_1)$ 和 $B(x_2,y_2)$ 也不用求解具体的数值。

解：设 $A(x_1,y_1)$，$B(x_2,y_2)$，由题意可知 $y_1<0$，$y_2>0$。

直线 l 的方程为 $y=(x-c)$，其中 $c=\sqrt{a^2-b^2}$。

联立方程 $\begin{cases} y=\sqrt{3}(x-c) \\ \frac{x^2}{a^2}+\frac{y^2}{b^2}=1 \end{cases}$，得 $(3a^2+b^2)y^2+2\sqrt{3}b^2cy-3b^4=0$，

解得 $y_1=\frac{-\sqrt{3}b^2(c+2a)}{3a^2+b^2}$，$y_2=\frac{-\sqrt{3}b^2(c+2a)}{3a^2+b^2}$。

因为 $\overrightarrow{AF}=2\overrightarrow{AB}$，所以 $-y_1=2y_2$，

即 $\frac{-\sqrt{3}b^2(c+2a)}{3a^2+b^2}=2\cdot\frac{-\sqrt{3}b^2(c+2a)}{3a^2+b^2}$，

则得离心率 $e=\frac{c}{a}=\frac{2}{3}$。

4. 运用命题变换思想，培养逆向思维能力

某些数学题只是给出了有限的条件，让学生去求证，推出结

论。如果学生运用正向思维思考这类数学题，一定会遇到困难，最后不能得出任何答案。此时，如果教师引导学生反过来思考命题，那么就会使问题简单明了，解题思路也更清楚。

例如，将正弦型函数 $y=A\sin(\omega x+\varphi)$ 的图象做如下顺序的变换：第一，将图象向右平移 $\frac{\pi}{6}$ 个单位；第二，把所有图象上各点的横坐标缩短到原来的 $\frac{1}{3}$，纵坐标不变；第三，再把图象上各点的纵坐标变为原来的 $\frac{1}{2}$，横坐标不变。结果得到函数 $y=\sin 2x$ 的图象。那么，求原函数 $y=A\sin(\omega x+\varphi)$ 的表达式。

分析：如果学生运用正向思维去思考这道题，会很难求得答案。这时，教师可以引导学生变换命题，以变换后的函数 $y=\sin 2x$ 为切入点，逆向推导，求得函数 $y=A\sin(\omega x+\varphi)$ 的表达式。

解：把 $y=\sin 2x$ 图象上各点的纵坐标变为原来的 2 倍，横坐标不变，得到函数 $y=2\sin 2x$ 的图象。

把 $y=2\sin 2x$ 图象上各点的横坐标变为原来的 3 倍，纵坐标不变，得到函数 $y=2\sin\frac{2}{3}x$ 的图象。

把 $y=2\sin\frac{2}{3}x$ 图象向左平移 $\frac{\pi}{6}$ 个单位，得到 $y=2\sin\left(\frac{2}{3}x+\frac{\pi}{9}\right)$ 的图象。

所以，所求的函数为 $y=2\sin\left(\frac{2}{3}x+\frac{\pi}{9}\right)$。

逆向思维实质上就是转换思想。在解题时，转换思想可以使自

己的思想空间变大，使数学题变简单，达到事半功倍的效果。这是一种培养学生创新意识的有效途径和方法。

(二)培养逆向思维解题能力的实践探索

学生从小就听过司马光的故事，也一直被要求体会故事的寓意，学习司马光的机敏伶俐。此外，我们也应该让学生知道司马光的这种做法其实是一种逆向思维——“人离开水”变换成“水离开人”。人们认为缸口很小，人出不来，却没有想到打破缸，让水流出来，人就得救了。所以，逆向思维就是冲破正向思维的束缚，从反向、对立的角度去思考问题。

有时候，逆向思维会给人们带来创新的灵感，成为创新的途径。而人们就是这样成为伟大的科学家的。许多伟大的科学家都是逆向思维的奇才。比如，法拉第进行了若“电能产生磁”那么“磁能产生电”逆向思维的思考，总结出了伟大的电磁感应定律。

在学习高中数学的过程中，会产生正向思维和逆向思维两种思维方式。在教学过程中，教师进行思维训练时，要注意培养逆向思维，并且把培养学生的逆向思维能力作为重要的教育目标。数学教材里包含有大量的顺逆运算、定理、公式、关系等。这些教材内容是培养学生逆向思维能力的素材，教师可通过这种可逆转换来传授许多数学知识。因此，在平时的教学中，教师只要认真发掘，进行有针对性的施教，不仅可以激发学生的学习兴趣，而且能够拓宽学生的解题思路，甚至提高学生的思维能力。

总之，教师一定要注重培养和训练学生的逆向思维能力，要善于启发和引导学生养成良好的思维习惯，善于培养学生的探索精神和能力，促进学生的逆向思维的发展，并开发学生的创造性思维

和发散性思维，切实提高思维素质。

三、提高教师自身的素质

教师工作的示范性与创造性等要求教师必须具备良好的自身素质。在素质教育改革中，教师素质的提高越来越成为改革的重点。同时，教师的教学观念和能力等方面的因素会直接影响到学生数学能力的发展。因此，要培养学生的逆向思维能力，首先需要教师有良好的素质。

（一）转变教学观念

观念是行动的灵魂，教学观念对于教学活动有着重要的统率作用。在传统的教学观念中，教学是知识由教师到学生的单向传递过程。在这种教学观念下，培养的学生只是知识的被动接受者，不利于学生思维的发展。因此，高中教师要重新认识原有的数学教学观，并在此基础上积极地向新型教学观转变，变重视知识的教学为重视学生思维和能力培养的教学，让学生学会学习，充分发挥学生的主体作用，让学生在学到知识的同时，学会思考。

（二）充分钻研教材

要提高学生的数学逆向思维能力，教师在教学过程中，就要有意识地对其进行引导。所以，教师首先要非常明了教材内容，挖掘教材内在；然后，要充分备课，认真钻研教材，挖掘教材中的逆向知识；最后，要精心设置教学环节，针对教学内容和学生特点，选择恰当的教学方法，以便在教学中有意识地设置情境，重点讲解，启发、引导学生的逆向思维。

（三）增强培养学生逆向思维的意识

学生所接受的思维、知识训练大多数来自教师。如果教师在教

学中不注重学生逆向思维的训练，那么就会对学生逆向思维能力的发展起到消极作用。因此,教师应把对学生逆向思维的培养渗透在教学环节中。比如,在命题教学中,给出命题后,对其逆命题的真假做出判断;对于一些与所学命题极其相似的假命题,让学生举出反例等,都可以使学生的逆向思维得到训练。其关键是教师要在教学中有意识地对学生进行引导,培养其逆向思维能力。

结束语 Conclusion

本书以发展学生数学思维为研究主题，通过阐述数学思维的各种主要因素，分析和概述数学思维的理论基础，对高中数学教学中发散性思维、批判性思维、创造性思维、直觉思维、形象思维和逆向思维的有效教学进行了详细的论述，希望借此可以提高学生分析问题、解决问题和动手实践的能力，使学生在遇到数学难题时，不再像以前那样手足无措，而是学会积极思考，探求解决途径。

本书是笔者根据自己的教学实践而进行的一系列总结。由于教学实践的时间不是很长，所以笔者自己的经验总结肯定有一些不足之处。但笔者相信，随着新课程改革的不断推进和授课方式的不断完善，一定会摸索出一套更加合理有效的发展学生数学思维的方法，以有利于学生数学思维能力的培养，最终促使学生的数学成绩得到提高。

陶行知先生说过："教师的最大幸福莫过于培养出值得你崇拜的学生。教育的第一项任务不是灌输知识，而是辨别每一个学生的才能，帮助学生发掘其特有的才能，让其才能显露并超越他人，在接受教育的过程中感受自己的价值与骄傲。"笔者相信，随着教学研究的进一步推进和深入，在学校同行的共同努力下，我们一定能够探索出一条更加有效的途径来解决高中数学教学中存在的问题。作为普通高中数学教育工作者中的一员，如何将最基本的经验上升为理论，再运用到实践中，将成为笔者今后努力的方向。

参考文献 Reference

[1]赵海平.类比思维在高中数学教学及解题中的应用探讨[J].学周刊,2016,10(10):89-90.

[2]王建成.高中数学教学中培养学生创新思维的措施[J].亚太教育,2015,13(29):134-135.

[3]张红光.浅谈高中数学教学中数学思维能力的培养[J].才智,2015(5):118.

[4]靳峰娜.中数学教学中培养数学思维能力的实践探析[J].才智,2014(8):136.

[5]孙艳松.高中数学教学逆向思维能力的培养[J].科技视界,2014(2):243.

[6]祝进.浅议发散性思维与聚合性思维的培养[J].亚太教育,2016(33):44.

[7]李冀英.发散思维中数学语言转换的探究[J].丽水学院学报,2015,37(5):94-97.

[8]张蕾.高中数学教学中学生发散性思维的培养[J].现代教育科学,2014(6):161.

[9]周霞,水莉莉.数学发散性思维培养的实践研究[J].阜阳师范学院学报(自然科学版),2014,31(1):82-86.

[10]肖倩.高中数学教学中批判性思维的培养策略[J].课程教育研究,2017(23):163-164.

[11]孙希文.论高中数学教学中学生的逆向思维培养[J].中国校外教育,2014(8):66.

[12]徐广.刍议高中数学批判性思维的培养[J].数学教学通讯,2016(24):22-23.

[13]刘爱国.对高中数学教学中学生批判性思维的培养措施分析[J].新课程导学,2016(8):6.

[14] 外力·努尔. 高中数学教学中学生批判性思维的培养分析[J].新课程(中),2016(3):81.

[15]纪荣.高中数学教学中学生批判性思维培养再议[J].数学教学通讯:中等教育,2015(6):37-38.

[16]徐吉明.浅谈高中数学教学中学生逆向思维能力的培养[J].中国校外教育旬刊,2015(9):76.

[17]汪圭.浅谈高中数学教学中对学生创造性思维能力的培养[J].中国校外教育,2016(28):85-86.

[18]段黾钊.浅谈高中数学教学中创造性思维能力的培养[J].学周刊,2016(33):179-180.

[19]潘明勇.高中数学教学中学生创造性思维能力的培养[J].学周刊,2016,35(20):195-196.

[20]林济春.深度探讨高中数学教学中创造性思维的培养[J].中学生数理化(学习研究),2014(5):44.

[21]刘洪亮.关于高中数学教学中创造性思维的培养研究[J].科教文汇(下旬刊),2012(3):105.

[22]张桂芳.高中数学直觉思维的培养途径[J].语数外学习(高中版下旬),2016(7):54-55.

[23]常彦红.高中数学教学中的直觉思维[J].甘肃联合大学学报:自然科学版,2009(S1):101-102.

[24]王淑芬.高中数学教学中直觉思维的培养[J].科教文汇(下半月),2006(5):69.

[25]周志钢.高中数学教学中学生形象思维能力的培养[J].学苑教育,2015(24):46.

[26]赵培信.高中数学教学中培养形象思维能力的统计分析[J].考试周刊,2013(6):50-51.

[27]丁建兵.形象思维在高中数学学习中的作用与培养[J].数学学习与研究,2012(19):21.